きっと、いいことに変わる!

幸運な人の100のルール

田宮陽子
Yoko Tamiya

飛鳥新社

Prologue

病気になって気づいた人生の贈り物

人生では「試練」と呼ばれるものが突然起こることがあります。
まさに、この数カ月間でわたしもそれを体験しました。

2022年の年末からわたしの人生は大きく変わりました。

自分に病気があることがわかったのです。
「乳ぽん」とわたしが呼んでいる病気（「がん」と呼ぶとそのコトダマが放つ力でエネルギーが下がりやすいので「ぽんと呼ぼう」というお医者様の呼びかけに賛同しています）――これが最初にわかったと

き、まるで夢を見ているようで、そのことをなかなか受け入れられませんでした。

「どうしてわたしが……」

「うそでしょう？　なぜこんなことに……」

そんな自問自答をくり返しながらも、仕事のペースを落としたり、イベントや出版を延期したりして療養生活に入ったのです。

食べ物や生活をすべて見直して自分をいたわり、癒すことを最優先とする新たな生活をスタートさせ、手術と2週間の入院生活を経験しました。

正直言って、自分が「病気になっているのかも……」と疑いが出てきたその日から、不安だったり、どうしていいかわからなくなったり、悲痛な瞬間がいろいろありました。

そんな中でいままで気づけなかったことに、気づくようになりました。

どんなときであっても「そのときのわたし」を支えてくれたり、助けてくれたりする存在が同時にそこにはあるんですよね。

それは生きている人の場合もあるし、すでに天国にいる人の場合もあります。また「意外な人」がその人らしい愛のサポートを贈ってくれることもあります。

病気になると平和であたりまえで少々たいくつな日常さえもが、どれほど貴重であるかを思い知らされます。

「病気療養中」という生活が、わたしに新たな気づきを贈ってくれることもあります。

人生にはそのときにしか味わえない体験や気づきがあるのです。かなりの「崖っぷち」と思われる事態にみまわれたときにわかることって、あるんですね。

いまわたしは「『乳ぽん』になったことに大切な意味があるんだ」とはっきりわかりました。

「乳ぽん」になったことで、わたしはたくさんの「人生のギフト（贈り物）」をもらいました。すばらしい療法、すばらしい医療機関やクリニック、すばらしいドクターに出逢えたこと、世の中には驚くようなホリスティック医学があることなど――。

わたしの人生観にも変化が出てきて、今後のライフワークも変わるでしょう。

自分が心身ともにすこやかで、うららかな気持ちで生きることを最優先にする人生。

「やるべきこと」ではなくて「やりたいこと」を大切にする人生。

「何かの事情でとりあえずつながっておく人」ではなくて、「魂がつながりを求める人」を大切にする人生。

そんなふうに変わっていくでしょう。


人生ではいろいろな「試練」と呼ばれることが起こりますが、それに「どう意味づけするか」は自分次第なのかもしれません。

それはたしかに自分の「表面意識」では計画通りのできごとではあ

りませんでした。

でも、ひょっとしたら「魂の計画」としてみると、さらなる魂の成長のために起きていることなのかもしれません。

表面意識では予想外のできごとに驚き、不安にもなり「なぜ、こんなことが！」と思ったりするけれど、後でふり返ってみると「あのときあのできごとが起きたから人生最高のギフトをもらった」ということなのです。


今回だけでなく、いままでも何度も試練にぶつかってきました。

そんなときにわたしを救ってくれたのは、だれかが言ってくれたひと言や開いた本に書かれた言葉でした。

それは暗闇の中をさまよい歩くわたしにとって、生きるチカラをくれて進むべき方向を教えてくれる「北極星」のような存在です。

昔、旅人は進む方向がわからなくなると夜空に光る「北極星」を見つけ、それを「道しるべ」にしていたと言います。歩いている方向に自信がもてなくて不安になったとき、いつ見ても明るくこうこうとした光を放ち、「それでいいんだよ」「そのままでいいんだよ」「本当の気持ちにそって進めばいいよ」と安心させてくれる言葉たち。

そんな言葉たちに助けられていまがあります。


いまの自分が感じたことを、ありのままにシェアすることで、ほんの少しだけでもだれかの心の光になるような言葉を書いていきたい。

それがわたしの夢であり、願いでもありました。

だからこの本は、わたしがいま思っていることを届けてくれる大切なツールです。

「どんなことが起きても
その人の見方や考え方次第で
さらなる幸運に変わっていく」

これがいまのわたしが思っているすべてです。
今回の経験からの学びが、だれかの心にほんの少しでも届いたら、
こんなにうれしいことはありません。

2023年5月　鎌倉より「心の友」のみなさんに愛を込めて　田宮陽子

きっと、
いいことに変わる！
Contents

Chapter 1

幸運な人のベストルール

Chapter 2

お金に愛される

Chapter 3

神様からの「お知らせ」に気づく

Chapter 4

プラスのパワーをためる

Part 2 自分を大切にすると幸運になる

Chapter 5

自分を信じる

Chapter 6 自分を少し変える

Chapter 7

「本当の自分」を大切にする

Chapter 8
自己受容する

Part 3 こまったときのコトダマノート

Chapter 9

言葉の力を借りる

校正　大西華子

Chapter 1

幸運な人のベストルール

「幸運な人」と「そうでない人」とは、何が違うのでしょう。
それは「運の法則を知っているかどうか」です。
まずは運の上昇に欠かせないベストルールをご紹介します。
このルールを知っているのと知らないのとでは人生が180度変わってきます。
これを知ったときから、わたしたちの運は驚くほど上がっていくのです。

Rule 1

すべてはいい方向へ進む「大どんでん返しの法則」

この本を手にしてくださっている方の中には、いま悩みや問題、モヤモヤを抱えている人もいらっしゃるかもしれません。

病気、家族、仕事、お金の問題、人間関係のトラブル、孤独感……。

わたしもこのような経験があるのでよくわかるのですが、悩んでいるときはまるでどしゃぶりの雨の中にいるようで、その雨に耐えるだけでせいいっぱいです。

でもどうか、いまからお話しすることをちょっとでも覚えてください。

たとえいま問題を抱えていても、落ち込んだり心配する必要はありません。

なぜなら、その「問題」は、魂《たましい》の調整として起きているのです。あなたがそこから「気づき」を得て、「本当の自分」になるために……。そしてあなたの思い次第で、いい方向にも悪い方向にも向かうのです。

ですので、もしも、いま何かでつまずいていたり、苦しい状況にあるのならこんなふうに思っていただきたいのです。

「いまは苦しくても、きっと最後には『大どんでん返し』がやってきてすべての物事はいい方向へ進む！」

わたしは20代のときも大きな病気をしました。お医者さんからは、「かなり進行しています」「深刻な事態です」とつらいことばかりを告げられました。

「お医者さんが言うのだから本当だろう」と思う一方で、「この病気って、何かをきっかけに治るんじゃないかな？」という気持ちが消えませんでした。

そう、「大どんでん返し」が来ると信じていたんですね。

そして、それは本当になりました。その後、とても良心的な病院と腕のいいお医者様が見つかり、病気は治ったのです。

そのときから、どんなに難しいと言われる状態でも、「大どんでん返し」がやってくると信じています。

それが「いつ、どういう形でやってくるか？」まではわかりません。

ただ「目の前の状況」に左右されず、「心の中で強く信じていること」は必ずかなう日が来る。それだけは経験上わかるのです。

結局、現実は「その人が心の中で強く信じていること」へ流れていきます。

もしも、周りの人が「あなたはすばらしい人だよ」「あなたはこういうことができるよ」と言ってくれても、自分で「わたしなんか、ぜんぜんダメよ」と思っていたら、「ダメな人生」のほうに現実が流れていってしまいます。

逆に、周りの人が「それって、ムリじゃない？」「そんなの、カンタンにできないよ！」と言っても、自分が「わたしは、きっとこのやり方でうまくいく！ますますしあわせになって豊かになる！」と思っていたら、「しあわせな人生」のほうに現実が寄っていくものです。

あなたにも「大どんでん返し」はやってきますよ。

わたしたちがそれを信じた瞬間から「大どんでん返し」の流れはつくられていきます。「なかなか信じられないなあ」という方も本書を読んでいただくうちに信じられるようになっていきますので、ご安心くださいね。

Rule 2

つまずいても願いがかなってしまう「ねばりの法則」

「これがやりたい！　これを実現したい!!」——そんなふうに熱い気持ちがこみ上げることってありませんか？

そんなときは、心のエネルギーが上がって、「願い」がかないやすい状態になっています。

ところがしばらくたつと「やっぱり、わたし、ムリだ」——そんなふうにシュンとなってしまうことがあります。

「願いをかなえるため」に動いてみたけれど、あまりうまくいかなかったので、「あきらめ」の気持ちが出たのです。その気持ち、よくわかります。そんなとき、「ある法則」を思い出すだけで、心のエネルギーがもう一度上がります。

それは「ねばりの法則」と呼ばれるものです。順番にご説明しますね。

「願い」をかなえるには、まずはとにかく結果を気にせずに挑戦することが大切です。ただし、最初は「うまくいかないこと」が多いのです。

でも、その「うまくいかないこと」が「成功のもと」です。つまずいたからこそ、いろいろ見直すきっかけになるからです。見直して改良することで、自分自身も大きく成長できるし、改良したことは今後の活動の財産になっていきます。

英語にも「Failure teaches success.」（失敗は成功を教えてくれる）という言葉があるのですが、まさにそんな感じです。

改良してから、再度挑戦をするときに「よし、もう1回やってみよう！」という気合が必要になります。

あきらめずに続ける「ねばり」が必要になるのです。

要は、「まずやってみる」→「うまくいかないことが出てくる」→「うまくいかない部分を改良する」→「またやってみる」→「またうまくいかないことが出てくる」→「さらに改良していく」。

こうやってねばり続けると「願いがかないやすい幸運体質」になります。

わたしはこの「ねばりの法則」を知って、ちょっと大げさだけど人生が変わりました。なぜなら「挑戦して失敗してもいい。そしたら改良して、また挑戦しよう！　そうやってとにかくねばっていれば、必ず自分らしいしあわせにたどりつけるのだから」とわかったためです。

たとえばわたしのブログも読者さんは、最初は4人でした。それでも「とにかく、ねばって書き続けよう」と心を立て直したら、いまでは23万人以上の読者さんに登録していただけるブログになりました。

「幸運な人」は何かで失敗しても、ずっと落ち込んだままではなく、どこかを改良してまた挑戦します。

そうやって「ねばり」を見せていると、挑戦したことがいつのまにかうまくいくようになり、あきらめずに挑戦する自分をもっと好きになります。

納豆だってとろろだってめかぶだって、「ねばり」に栄養があるし、あの「ねばり」があるから、おいしい！「ねばり」って大切ですね（笑）。

何かに挑戦してつまずいたとき、思ったような結果が出ないとき、「ねばりの法則」をちょっとだけ思い出してください。

Rule 3

顔にツヤを出すと幸運になる「つながりの法則」

わたしたちに起こることはすべてつながっています。仕事も家族も人間関係も健康も、それぞれのできごとは「単独で起きている」かのようですが、「根っこ」はぜ~んぶつながっているんですよね。

わたしの本やブログを読んでくださっている方は知っているかもしれませんが、「顔にツヤを出すと運がよくなる」という魔法のルールがあります。

「顔にツヤがあること」と「運」には直接、何も関係がないように思えます。

ところが「運」にはこんなルールがあるんです。

「自分の一部がよくなると（光り輝くようになると）他の部分もひっぱられるようによくなっていく」。これが「つながりの法則」です。

たとえば、掃除や断捨離するのも運がよくなると言われますが、この「つながりの法則」で考えると、自分の「一部の流れ（部屋の気）」がよくなると、「他の流れ」もよくなるので運のいいことが起こるのです。

わたしはこの「つながりの法則」のとんでもないパワーを以前から知っていたので、ブログや本では「つながりの法則」のヘッドピン（最初に動きが出るもの）をご紹介しています。

なぜなら「運をよくしたい！」と漠然と思っても何をしていいかわからないものだからです。そこで、「とにかく顔にツヤを出しておけばいい」などの具体的なことなら、とてもやりやすいのです。

そして「ひとつのこと」をしっかりやっていると「つながりの法則」が必ず働くようになるので、運は全体的にどんどんよくなっていくんですね。

「つながりの法則」のヘッドピンとなるような、カンタンでだれでも今日からできるような方法をいくつかご紹介します。

・顔にツヤを出す

（スキンケアでは化粧水、美容液、クリームでしっかりと保湿し、メイクではツ

ヤの出るファンデーションやハイライトを使って輝きをプラスする)
・顔色がよく見えるカフーのトップスを着る
・部屋の中のものを定期的に断捨離して「使わないもの」「ムダなもの」を
できるだけ置かないようにする
・「プラスのエネルギー」を放つ言葉を積極的に口にする
(具体的には「ありがとう」「感謝しています」「やっぱりわたしは運がいい!」「しあわせ」「うれしい」など)
・ご先祖様に「いつも守っていただき、ありがとうございます」と感謝する
ことを忘れない
・トラブルが起きたら、なるべく早い段階で「このことはきっといいことに変わる!」という開運言葉をとなえる(となえる回数は多ければ多いほどいい)
・自分を大切にする(自分にムリをさせたり、卑下することはやめて、好きなことをしたり、自分をいたわる時間を毎日つくる)

お好きなものを試してみてくださいね。

Rule 4

幸運な人の行動や言葉を観察してみる
「波動の法則」

運には「ある特徴」があります。それは人と逢ったり、集まったりしているときに「強い波動を放っている人の影響を受けやすい」ということです（オンラインでも同じです）。

たとえば、「運のいい波動を強く放っている人」と何げない話をするだけで、運が軌道修正されてすばらしい「ひらめき」や「大切なヒント」が降りてきたり、悩みが自然と解消に向かったりします。

「いい波動」を放っている人は、周りの人の運を上げ、人が本来もっている「魅力」や「才能」を自然と引き出します。その反対に邪気《じゃき》（悪い気）がこもる波動を放っている人は、周りの人をなぜか不機嫌にさせたりエネルギーを消耗させたりして、人の運まで下げてしまう可能性があります。

この世には「波動の法則」というものがあり、似た波動の人が集まります。

幸運な人たちはお互いが話すこと、交わす情報が影響し合って、ますます「幸運の磁場」を強めていきます。

自分の波動は変えられるのです。

もし、周りに「放っている雰囲気がステキだな」「運がいいなあ」と思う人がいたら、できるだけその人の行動や言葉を観察してみましょう。

たとえば、「幸運な人」の特徴は次のようなものです。

・いつも楽しそうで、その人のそばには笑いと笑顔が絶えない
・いつも「愛のある言葉」や「人の気持ちを安心させたり明るくする言葉」をしゃべっている
・その人とつながっていると心配や不安が消え、安心感があふれる
・その人とつながっていると新しい目標をもてたり、やる気が出てくる
・その人の周辺で、いいできごとが続々と発生している
・その人がいいと思ったことや人の役に立ちそうな情報を、自分のペースで

シェアしている

・「宇宙の流れ」を信頼している

などです。

運の流れに乗るには、「すでに運の流れに乗っている人」がしていることやその習慣を見て学ぶのが一番早いのです。

これからあなたはきっと強運になっていくと思いますが、そのときは「運のいい波動」を周りの人に伝染させてあげてください。

これは「しあわせのドミノ」と言って、「しあわせ」で周りの人を次々とドミノ倒しにしていくことです。

すると、宇宙や神様がとてもよろこんで、あなたにますます「強運のパワー」を送ってくれます。

Rule 5

思いもよらないトラブル、ショックなできごとが起きたとき「トラブルがツキに変わる法則」

数年前、「どうしたらいいかまったくわからないようなできごと」が起きました。こういうときって「……」とショックで頭の中がまっしろになって、周りの雑音も聞こえなくなるくらい、意識がボーッと遠のいていく感じになります。

そのとき、側にいた友人が一生懸命励ましてくれました。

わたしが泣きそうになっているといっしょに涙を浮かべながら「このことはきっと、いいことに変わる！」と何度も何度も言ってくれて、そしてその通り「ショックなできごと」からほんの1日で「そのできごとがいいことに変わる流れ」がつくられたことがありました。

本当に「言霊《コトダマ》の魔法」はわたしたちが思う以上に、すごいパワーがあります。

言葉には不思議な力が宿っています。

わたしも本当にこの言葉に何度も何度も救われてきました。

生きているとときどき、「えっ、なんで、こんなことが起こるの?」と思うようなできごとが起こります。たとえば、仕事で力を尽くしたのに取引先ともめてしまったり、突然事故にあったり、家族の問題が起こったり、病気になったり、心をゆるしていた人にふられて失恋したり……。

実はそういうときは「運のわかれめ」なんですよね。

そこで何をするかで今後の展開が変わってくるのです。

「このことはきっといいことに変わる!」

このプラスの言葉をなるべく早く言ってみていただきたいのです。口に出せない場合は心の中で思うだけでもOKです。

それを重ねていくうちに「強運のパワー」がたまって、「いいことでもなく、悪いことでもないな」という「どちらとも言えないできごと」まで、自然と「いいこと」に変換されるのです。

ショックで何もできないときに、どうかこのフレーズを思い出してください。

Rule 6

これだけでツキを呼び込む「素直な人の法則」

ズバぬけて幸運な人や、神様や宇宙に応援されているとしか思えないほどスムーズに物事が進んでいく人には、「ある共通点」があるのです。

それは「素直でいること」。

以前、ある幸運な人が言っていた言葉が忘れられません。わたしはその人にずっと聞いてみたかったことを、思い切って質問したことがあります。

「いっしょに仕事をしたい人って、どんな人ですか?」

その方は「わたしが仕事をしたいのは、素直な人ですよ」と即答されました。

仕事ができるとか、経験があるなどはいっさい関係ないとおっしゃったのです。

「田宮さん、素直でいるってすごく大切なんだよ。素直であれば、人からいくらでも教えてもらえる。自分のやり方や考え方がまちがっていたり、お客様にとってわかりにくいところがあったらただちに修正できる。そうやって、ますますよくなっていけるんだよね。そういう人に、人はまた教えたいと思う。そういう人がこまっていたら、人は助けたいと思う。素直だと人から押し上げてもらえる。

だから、素直ってものすごい宝なんだよ」

あなたの魂が「ひとつ上のステージに行きたい！」と望んでいるときは、チャンスを運んでくれる人やあなたが求めている情報を知る人が引き寄せられるように次々と現れます。そんな人が丁寧に何かを教えてくれたとき、「素直な人」はそれをたっぷりと受け取れます。

でも、素直でないと、教わったことが心を通過して外に流れてしまうことがあります。たとえると、空から「恵みの雨」が降り注いできたとき、素直でないと、「ザル」で受け取るかのようです。せっかくのヒントやチャンスがザルの目を通って、すべて下に落ちてしまうのです。

「素直な人」は洗面器みたいな大きな器で、人生に必要なヒントやチャンスをたっぷりと受け取っている感じです。

「素直でいること」は、ツキを呼ぶための最大の魅力となります。

Rule 7

「あの人ばっかりいいこと起きてるな」と思ったら「ハッピーフローの法則」

「あの人、いつも楽しそうだし、いいことばっかり起きてるなー。それにくらべてわたしはどうして……」とつい思ってしまう。

そんなあなたにぜひ知っていただきたい、大切な「宇宙の法則」があるのです。

「なんだかいろいろあって落ち込むなあ」という日ってありますよね。しかも、なぜかしばらくは「落ち込むこと」が続いたりします。

その反対に「わあ、今日はいいことが起こってすごくしあわせだった」という日もあります。そして、また何日かすると別の「いいこと」がまた起こったりして、「ハッピーフロー（しあわせな流れ）」に乗っていきます。

実は、この宇宙には「ある法則」があるのです。それは、

「今日、強く思っていたことをまた感じるようなできごとがしばらく続きや

すい」

という不思議な法則です。

これは「体のクセ」と似ています。

たとえば、デスクワークが多くて「巻き肩」になるクセがつくと、肩や首の筋肉がこわばっていい姿勢に戻りづらくなります。

その反対に「姿勢をよくしよう」と意識して体幹を鍛えたり、ストレッチしていると、パソコンやスマホを作業するときも姿勢がくずれにくくなります。

それといっしょで、「思っていること」も一度クセがつくと「それを変えよう！」と意識しない限り、クセがついたほうに現実が行きやすいのです。

ですので、「なんか落ち込むなあ」と思っている時間が長いと、次の日からもしばらく落ち込むできごとが続きます。

「しあわせだなあ」「ありがたいなあ」「恵まれているなあ」と思っている時間が長いと、次の日からもしばらくありがたみや感謝を感じるようなできごとが続きます。

つまり、なぜか「いいこと」が連続して起こっている人は、この宇宙の法則から見ると「何かに感謝したり、ありがたみを感じている時間が長い」ということになります。

わたしは「自分らしく幸福な人生を歩んでいる人」をたくさん取材してきたのですが、その多くの方々が共通して言っていたことがあります。

「日常の中で自分が恵まれていることに改めて気づき『感謝』しはじめると、驚くほど運の流れがよくなっていくんだよ」

この言葉の裏には壮大で神秘的な「宇宙の法則」が隠されていたのでした。

いまは、先の状態が読みにくい時代であり、だれでも不安を抱きやすくメンタルが落ちやすいと言えます。そのうえでだからこそ、「何かに感謝すること」を「クセ」づけていただきたいのです。

「何かに感謝すること」にフォーカスすると、ますます感謝したくなるようなできごとが増えていくからです。

いま、身の周りにあるものや人に対して、

「ホントにうれしいことだなあ」

「改めて感謝の気持ちを抱けたなあ」

と思えたり、

「いつもありがとう」

とひと言伝えると、あなたの「生命エネルギー」が活性化し、運の力が強くなっていきます。


また、「やっぱりわたしは運がいい」と信じていると、思う通りの方向に流れていきます（58ページ）。

最初は思えなくても、言葉に出してとなえてみてください。

自分の放つ「言葉」が「思い」となり、あなたの運を守り、さらなる「いいこと」を呼び込むのです。

そして、あなたはいいことが連続して起こる「ハッピーフロー」に入っていくのです。

Rule 8

「かわいみの法則」

愛嬌はだれでも身につけられる！

いままでの人生で、「かわいらしいってすごくいいことだな」と思うできごとがいくつかありました。たとえば、メールをやりとりしているときなどに、「ああ、この人の言い方ってかわいいな♡」と思うと、その人にまた逢いたくなったり、いっしょに何かをしたくなります。

パートナーや友人とケンカになりそうな場面でも「さっきはごめんね。本当はさびしかったから、あんなふうに言っちゃったんだよ」と伝えるだけで、急に険悪な雰囲気がゆるむことがあります。

また相手が思うより自分を評価してくれなくて、不満に思っても、「本当を言うとね、あなたにちょっとほめてもらいたかったんだよ」と伝えるだけで、「そうだったんだね」と相手と心の距離が縮まることもあります。

わたしは「かわいい言い方ができると壁をつくらないし、結局は愛されるんだな」と思ったとき、「かわいみの法則」を思い出したんです。

昔、ある「幸運な人」を取材したときにその方が言っていました。

「ボクはね、正直言うと昔からいろんな人にかわいがってもらったんだよね。モテるとか愛されるとか、人が集まってくるような人って、どこか〝かわいみ〟をもっているんです。赤ちゃんってかわいいよね。赤ちゃんは、みんながかわいがってお世話したがって命がつながるように、神様が〝かわいみ〟をつけてくれているんです。〝かわいみ〟がある人はみんなからかわいがられます。何もできなくてもそれだけでトクだし、すごい魅力なんですよ」

どなたでも「かわいみ」は必ずもっていますし、「かわいみの法則」は「愛される人間関係をつむぐためのルール」です。

「かわいみ」とは、「人間的にかわいらしさ、愛嬌《あいきょう》がある」ということ。

人に上手に甘えられたり、ユーモアのある言い方ができたり。そんな人は、年上の人からも年下の人からも愛されます。

そして、不思議と「運の流れ」がよくなっていくのです。

ただし、それが一時的になくなることがあります。これには2通りのケースが考えられます。

ひとつめはその人のエネルギーが「自立」に傾いているとき。1人で物事をバリバリと進めているようなときです。なぜか「人に甘えること」ができにくくなります。

もうひとつはその人のエネルギーが「ネガティブ」に傾いているとき。物事に対して悲観的になったり、イライラして批判的になるので、「やわらかい言い方」や「ユーモア」を忘れがちになります。

つまり、エネルギーが「自立」や「ネガティブ」に傾くと、人に対して態度がどうしてもそっけなくなったり、ピシャッと言いのけるような言葉を使いがちです。自分でも「いまの自分の言い方ってかわいくないよね」と思ったりして……(笑)。

そんなとき、思い出したいのが「かわいみの法則」。

これだけで心がほぐれて人とつながることが楽しくなる「人間関係の魔法」です。

Rule 9

必ず晴れの日がやってくる「晴れの日」と「雨の日」の法則

物事が停滞しているように思えても、あなたにも必ず「晴れの日」がやってきます。

運の流れには大きくわけると「2つの特徴」があるので知っておいてください。

ひとつは「外に向けて動く時期」。たとえるなら、お出かけに向いている「晴れの日」です。

もうひとつは「内側を整える時期」。たとえるなら、部屋の整理に向いている「雨の日」です。

この2つの時期が交互にやってきますが、「『外に向けて動く時期』と『内側を整える時期』はどうやってわかるんだろう？」と思うかもしれません。

それには「自分の心の声」が何を言っているかを聞いてみることです。

「なんかいまはどんどん行動したい気分！」「外に出ていきたい！」「人と逢いた

い！」と心が言っているときは外に向けて動く時期。

さらにこのときは「物事がスピーディにトントン決まっていく」「シンクロニシティ（偶然のできごと）が多くなる」という特徴があります。あなたの運にゴーサインが出ているので、その流れに乗って物事を一気に進めてOKです。

その反対に、自分の心の声が「なんとなく家にいたい」「疲れがたまっていてゆっくりしていたい」「静かに内観《ないかん》したい（自分の内側を見つめたい）」「1人になりたい」と言っているときは自分の内側を整えたいとき。

こんなときは、進めていたことにトラブルが発生してストップしてしまったり、延期になってしまったり、物事に「とどこおり」が出てきたりします。

だから、「ムリに動こうとしない」こと。

ここでムリヤリ物事を進めると、とんでもないトラブルに発展することさえあります。

そして、運の流れには、「晴れの日（外に向けて動く時期）」も「雨の日（内側を整える時期）」も、どちらも大切なのです。

たとえば、お米だって「晴れの日」と「雨の日」があるからみごとに実ります。

それと同じで、どちらもあなたの運の流れを整えるために必要なのです。


知っておいてほしいのは「雨の日」は、必ず「晴れの日」に変わるということ。

「内側を整える時期」はエネルギー充電のときです。物事が停滞しているように感じますが、あるとき、「あれ、なんか物事がスイスイ流れるな～」「なんか頭がさえてスッキリしているな」という朝が来ます。

そういうとき「幸運な人」は、「いまだ！」とばかりにいままで充電したエネルギーをぞんぶんに使って、物事をどんどん進めていくのです。

この「運のしくみ」を知ったときから、あなたの運は劇的に変わっていきます。

Rule 10

本当に必要なご縁は必ず残る「ご縁の法則」

人は「孤独になること」にどこかしら不安や恐怖を感じています。

人間関係で「なんだか、ムリして合わせるのには疲れたな」「もう、この人とのご縁は卒業したほうがいいかもしれない」と感じても、「自分が孤独になるよりはマシだ」と思うと、そのつながりをなかなか手放せないものです。

しかし、「本当に必要なご縁」は必ず残ります。「本当に必要なご縁」であれば、何かの事情で離れたとしても、再会してつながるときがやってきます。

だから、相手にムリに合わせる必要もなく、あれこれ手を打とうとしなくてもいい。まず、わたしたちは「孤独」にはなりません。

なぜなら、いつも神様とつながっていて、守ってくださっている存在（守護霊様、天使さん、ご先祖様）と共に生きているからです。

そして、やりたいことや好きなこと、目の前のことにいそしみ、楽しんでいれば、最高のタイミングでご縁のある「ソウルメイト」との出逢いが訪れます。

「ソウルメイト」とは魂の仲間であり、必ずしも恋愛関係ではなく、仕事でもプライベートでもライフワークでも「心友《しんゆう》」になる人です。ソウルメイトの中の1人が「運命の人（人生のパートナー）」となることがほとんどです。

前世や前々世で何度も出逢っているから「再会」とも言えますね。

あなたの魂は「ソウルメイト」と出逢ったとき、それに気づくでしょう。

なぜなら、しばらく離れていても、電話やメールやラインなどでひんぱんに確認し合わなくても、お互いの魂がつながっているからその人を思うだけで心が満たされるのです。それこそが「本当に必要なご縁」です。

ソウルメイトとの出逢いはお互いのライフワークにおいて自然と共同創造へとつながり、人生をますます楽しいもの、心おどるものにしてくれます。そして、響き合い、わかち合い、助け合い、お互いが「癒しの存在」になります。

そんなソウルメイトとの絆の「深め愛」の時期が、時代の流れに乗ってはじまっていきます。

Rule 11

こんな人にいいことが次々と起こる「奇跡のコツの法則」

この世には、「しあわせな奇跡が次々と起こる！」という人と、「いいことなんて、なかなか起こらない」という人がいます。たとえば、

・新しい仕事のチャンスが舞い込んでくる
・ステキな人との出逢いや再会が起こる
・自分の「天職」とも言える仕事が見つかる
・うれしい臨時収入が入ってくる

――こんな奇跡を連続して起こすにはコツがあるのです。それはその奇跡が「ほんの小さなこと」や、たとえ「一時的」なものであったとしても「わあ、すごいことが起きた！　うれしい！」とめいっぱい、よろこぶこと。

「奇跡」は「奇跡が好きな人のところ」にたくさん起こるようになっているのです。

「幸運な人」たちは、日常で起こるちょっとした奇跡が大好きです。奇跡が起きたら手放しでよろこび、宇宙や神様やご先祖様、そしていま周りにいる人に心から感謝をします。

だからそういう人のところに奇跡がたくさん起こるのですね。

逆に「奇跡」が起こりにくくなる場合もあります。

たとえば新しい仕事のチャンスが来たときに、「でも、○○さんとくらべたら大したことない」「もっと大きなチャンスがほしい」などとよろこばないし、感謝もしない。そういう人にはなぜか「次の奇跡」はなかなか起こりません。

それよりも「わあ、これってありがたいことだなあ」「わたしって恵まれているなあ」「今度は恩返ししたいな」とよろこんで感謝をする人。そういう人には、さらなる「すごい奇跡」が連続してやってくるのです。

この本を手にとった瞬間から「うれしい奇跡」があなたに起こるような流れが水面下でつくられています。これからあなたに数々の奇跡が起こりますが、「よろこぶこと」「感謝すること」をどうか覚えていてくださいね。

Rule 12

運が開いていく3つの魔法「上から」「横から」「下から」

わたしたちが幸運になるための「3つの魔法」があります。

ひとつは「あなたをひっぱり上げてくれる魔法」です。

その道ですでに成功している人や自分と「似たような使命」をもっている先輩がなんらかのカタチでひっぱり上げてくれます。それをきっかけにあなたの運は飛躍的に開いていきます。

次に「あなたの横にいて響き合い、わかち合い、助け合う魔法」。

あなたの友人、ビジネスパートナー、人生のパートナーなどが常にあなたに「いい刺激」を与え、ヒントをくれるようになります。また、この人たちには、だれよりも心を打ち明けられ、相談がしやすいことでしょう。「悩み」や「迷い」に対して、「近い目線」からアドバイスをくれるのでとても助かります。この人たちのおかげで運が支えられるのです。

最後は「あなたが下から押し上げられる魔法」。

あなたがふだんから「人の役に立つようなこと」「人の助けになるようなこと」をできる範囲でやっていると、「応援してくれる人」が自然と現れます。あなたの考え方や表現、企画していることなどに「賛同する人」が出てくるのです。そして、あなたを応援したい、あなたの考えがもっと知りたい、そういう「サポーター」のような人が自然と集まってくるのです。

あなたが何か「新しいこと」をはじめたときに、この方々がだれよりもまっさきにあなたを応援し、支えてくれます。その「サポーターさんに押し上げられる力」で、運は驚くほど開いていくのです。

わたし自身もこの「3つの魔法」に支えられて、いまがあります。

この「3つの魔法」は、これから運が開いていく過程で「ああ、こういうことだったんだな」と実感するでしょう。この「3つの魔法」を大切にしてください。

Rule 13

幸運になるルールを実行できないときは、「ほめ回路の法則」

この本で、「人生が上向きになるルール」を知っても、実行できないときがあります。

運が確実に上がるような——たとえば、自分の好きなことを見つけてエネルギーを注ぐ、出逢った人や目の前にいる人に対して愛と感謝をもって接し、響き合っていい関係を築いていく、などの実行が、「なかなか難しいな」と感じる場合があるでしょう。

というのは、これらは自分の中で「プラスのエネルギー」がたっぷりと充電されているからこそできることばかりだからです。

まずは自分を「プラスのエネルギー」で満たさなくてはいけません。

「自分をほめること」によって、それができるのです。

「自分をほめること」によって、あなたの心が元気になるのです。

それは、あなたがいつも「あたりまえのようにやっていること」をほめることからはじまります。

通勤、食事の準備や買い物、食器洗い、洗濯などの家事、仕事のルーティンなど、くり返していることが本当に立派ですごいことです。

そう、毎日、仕事や家事、育児を続けていることは立派です。

「1日、無事に過ごせること」も立派です。

また病気になったり、何かのトラブルに巻き込まれたときも、なんとか乗り越えようとしているのは本当に立派で、そこをしっかりとほめてほしいのです。

あなたのことは、あなたが一番わかっています。密かにがんばったり、努力していることも、あなたが一番知っています。

イライラしそうになったり、「わたしの気持ちをわかってもらえない！」「がんばっているつもりなのにうまくできない」と落ち込んだり、「孤独だなあ」とさびしくてたまらなくなったりしたときは、自分に「ほめ言葉のシャワー」を次のようにかけてください。

「わたし、忙しい中、今日もよくがんばったよ」

「自分で言うのもあれだけど、いろいろ工夫してえらいよね」

「この状況で、ここまでできるってすごいことだよ」

――このままの言葉を心でとなえてもいいですし、他の「自分へのほめ言葉」をつぶやいたり、ノートやスケジュール帳に日記のように書いてみましょう。

だれかからほめられるとパーッと気分がよくなったり、自分のやってきたことを認めてもらったうれしさを感じますが、「自分で自分をほめる」ことも同じ効果があるのです。


そして自分をほめていると、脳の中に、自分を肯定的《こうていてき》に認める「ほめ回路」というものがつくられていきます。そうなると自分を好きになり、「自己重要感(「自分は大切な人間だ!」という思い)」が高まっていくのです。そんな「ハッピーフロー」に入ると、運はぐんぐん上がっていきます。

自分をなかなかほめられない人は、「何かすごいこと」をしないと自分をほめたり、認めたりしてはいけないと思っています。

自己肯定感が低くなっているときほど、自分の「ダメな部分」や「イヤな部分」ばかりに目がいきがちです。あなたの「いい部分」はたくさんあるのに、それが見えなくなってしまうのです。

ですから、すでにやっていることや毎日何げなくしていること、あなたの魅力、個性など、今日の自分をそのままほめてほしいのです。

自分をほめることに「理由」はいりません。

結局、何をするにも心が元気であることが大切です。

心が元気であれば、仕事や家事にもポジティブに取り組めるし、家族にも周りの人にもやさしくなれます。

また社会に対しても「自分にできることで、人の役に立ちたい」「何かの形で貢献したい」という思いもわいてきます。

とにかく「わたしは今日１日よくやったんだ！」と思って眠ることが運を味方につけるコツなのです。

Rule 14

「自分は運がいい」の法則

幸運になる究極のコツ

この章の最後に「幸運」をつかむ究極のコツをお伝えしますね。

うまくいくと思った仕事が急にうまくいかなくなった、「運命の人だ！」と思ったのにフラれてしまった……など物事が思うようにならないと、メンタルが落ちて弱気になったりします。

「わたしなんて、どうせ何をやってもダメだろう」

「この先、いいことなんて起こるのかな」

というように。

でも、「結局、自分は何をやってもダメだ」「なんだか運に見放されている気がする」と思っている人のところには、「思っている通り」のできごとが引き寄せられていきます。

その反対に、問題やトラブルが起こっても、心のどこかで「わたしは幸運だから、結局のところうまくいくだろう」と思っている人のところには、最終的には「いい流れ」がやってくるのです。

わたしが取材してきた1000人以上の「自分らしく幸福な人生を歩んでいる人」も、貧乏な家に生まれた、両親と離れて暮らしていた、ルックスに自信がなかった、持病があったなどいろんなケースがありました。でも、そのほとんどが心のどこかで「結局、自分は運がいい」「自分はやっぱり幸運だ」と思っていました。

もし、いまは「そう言われても、自分のことを運がいいとは思えないな」となったとしても、この本を読んでくださっているうちに変わりますし、コトダマの力を借りて「わたしはやっぱり運がいい」ととなえるのもいい方法です（251ページ「ルール90」）

すると、なぜか「幸運としか思えないこと」がその人のところに集まってくるのです。

そして最後には「あの人って、本当に運が強いね」と人から言われるようなできごとが起こるのです。

そう、「幸運になる究極のコツ」は、「自分は結局、運がいいと思っているかどうか」、本当にシンプルですがこれだけなんです。

「自分は運がいい」といつも思っているのは、能力や性格は関係なく、「自分という存在はとても価値があるんです‼」と、宇宙や神様に日々ドーン！と示すことになります。

宇宙や神様はどうやら「生まれてきたことに感謝しているんです」という波動を放っている人が大好きなようです。

だから、そんな人に「いいこと」をプレゼントしてくれるのです。

このギフトは自然の流れの中で贈られます。

そのうちに「いいこと」が連続して起こる「ハッピースパイラル（幸福の連鎖）」に入っていき、その人の運はますます上がっていくのです。

Chapter 2

お金に愛される

幸運な人は「お金に愛されている人」です。
お金は「生命エネルギー」とつながっているからです。
自分を「生命エネルギー」で満たせば、どなたでもお金に愛されるようになります。

Rule 15

この言葉を心でつぶやくだけでお金の流れが変わる

お金は「元気な波動」「活気のある波動」「人がよろこんでいる波動」「人が集まってくる場所」「清潔で心地がいい場所」「いい気が流れている場所」など、いわゆる「いい運があるところ」に集まってきます。

あなたの波動を上げて、お金がよろこんでやってくるように、まずは家の中を片づけて整えていきましょう。そうすれば、あなたのところに「お金がサラサラと流れてくる川」をつくることができます。

たとえ一時的に波動が下がったり、「マイナスのエネルギー（邪気）」が入ってきたとしても、邪気を払い、軌道修正して、また波動を上げていけばあなたの金運は下がりません。

仕事では思わぬことが起こるときもあります。突然、仕事がなくなってしまったり、うまくいかなくなったり、一生懸命やっているのにお客様が来なくなってしまったり。その結果、お金にこまりそうになって「わあ、これからどうしよう」とあせってしまいます。でも、このあせりに翻弄《ほんろう》されると、お金の流れがますます悪くなるかもしれません。

お金にまつわる格言で「貧《ひん》すれば鈍《どん》する」という言葉があります。これは「いつもはしっかりしている人でも、お金にこまってくると、いつもはしない愚かなことをしてしまう（誤った判断をしてしまう）」という意味です。

お金にこまってくると、なんだかイライラしてビジネスパートナーとしなくてもいいケンカをしてしまったり、仕事のチームメンバーと「あなたのせいだよ」と責任のなすりつけ合いをしてしまうこともあるでしょう。

また、こまったときにやってきた「おいしい話」に飛びついてしまい、だまされるような悲しい結末を招くこともあります。

もちろん、人間ですから判断を誤ってしまうことは、だれでもあります。

そんなときはいったん立ち止まって冷静になりましょう。心を落ち着かせて、正しい判断ができる自分を取り戻すのです。

そして、ぜひ、この開運言葉を言ってみてください。

「豊かでしあわせになることを自分に許可します！」

この言葉は、毎日つぶやいたり、ノートに書きとめるだけでも金運アップ効果があります。言うのになんとなく抵抗があるときは心の中でつぶやくのでもOK。

これを言えば言うほど、心に豊かな波動が宿り、冷静な判断ができるようになります。

さらに、「わたしらしさ」を活かし、自分にあった仕事で収入をアップしていくやる気がみなぎってきます。


この開運言葉で、あなたのお金の流れは変わっていきます。

あなたから不思議な「金運《きんうん》波動《はどう》」が放たれるのです。

これからの人生を豊かなものにしていくことを、きっぱりと宇宙に宣言してください。

Rule 16

「臨時収入」が入ってきたら金運上昇のサイン！

この世には「金運上昇のステップ」というものがあります。

あなたが豊かな人生を歩んでいく中で、「段階」があるのです。

あなたはそれを一歩ずつ昇ることになるでしょう。

「金運上昇のステップ」の最初は「臨時収入が入ってくること」です。

「えっ？　臨時収入？」と思われるでしょうか。これはボーナスや謝礼などの「お金」であることもありますが、次のことも大きなくくりで「臨時収入」です。

・人から、野菜やお菓子、生活用品などの差し入れをいただくことが多くなる
・人にごちそうになる機会が多くなる
・「ほしいなあ」と思っていたものがちょうどのタイミングで自分のところに届いた
・クローゼットやしばらく使わなくなったバッグから、忘れていた「貯金通帳」

や「商品券」が出てきた
・「これにお金がかかるなあ」と思っていたできごとに対し、なんらかの理由でお金が必要なくなった

こういうことが起きたら「あなたの波動が上がっていますよ！ それにともない金運も上がっていますよ！」という神様からのサインなのです。

「臨時収入」はまず小さなものが入ってきます。そのときに「お金の神様、ありがとうございます」と感謝をすると、次は「もうちょっと大きな臨時収入」が入ってくるようになります。

そして、次に「頼まれごと」がやってきます。「ぜひ、やってほしい！」とあなたの得意なことや興味があることを人から頼まれるのです。

わたしのケースですが、駆け出しのライターだったころ、「うちの会社でホームページをつくりたいので、文章を書いてほしい」と頼まれました。謝礼はないものの、その会社の活動がすばらしかったので、おもしろいホームページになるよう工夫して文章を書いてみました。するとそれを見た人から「うちのホームペー

ジの文章もお願いしたい」と依頼が来たり（今度は謝礼あり）、雑誌のライターの仕事も次々と入ってくるようになったのです。

このように「頼まれごと」を楽しくやっているうちに、いつしかあなたの「天職」と思えるような仕事につながり、「天職」を全うしていくと「大きなお金の流れができる」……このような「金運上昇のステップ」があるのです。

この本を読んでいるあなたは、たぶん、これから数日のあいだに、なんらかの「臨時収入」があるでしょう。それはちょっとしたお菓子をいただくことかもしれませんし、掃除をしていたら、昔使っていたバッグが出てきて、それに商品券が入っていたなど、偶然をよそおったものかもしれません。

臨時収入が入ってきたときは必ず「お金の神様、ありがとうございます」と感謝の思いを宇宙に放ってください。

臨時収入が入ってきて、感謝をしたことをきっかけに、あなたは金運上昇のステップを昇っていきます。

Rule 17

靴は開運アイテム

「履かない靴」が靴箱に入っていませんか？

わたしが定期的にやっているのが「靴の整理」です。「靴の整理」は、「金運アップ」につながる開運アクションなのです。

靴箱を見てみると、「ほとんど履いていない靴」「もう履かなくなった靴」がけっこうあるものです。

それには必ず理由があるんですよね。

「デザインや色は気に入っていたけれど、その靴を履いたら靴ずれができた」「サイズがちょっと合わなくて、中敷きを入れたり修理に出して履こうと思っていた」「履きづらいけれど、けっこうなお値段がしたので、なんとなくそのままにしておいた」などなど。

いわゆる「幸運な人」は、「履かなくなった靴をそのままにしない」という共通点があります。自分にとって履きやすい、お気に入りの靴だけを靴箱にキレイに並べているのです。

すると、急いでいるときもサッと靴を選べるし、「靴ずれで痛い！」や「ちょっと大きくてパカパカする」などでイライラもしません。

履き心地のいい靴をスタメンでそろえておくと、自然とフットワークが軽くなり、行動的になります。

いまの新しい時代は「フットワークが軽い人」が情報を得やすく、運を上げる大切な条件になっているのです。

だから「靴の整理が上手な人」は「お金の流れ」もよくなっていきます。

風水でも、靴は「運をアップさせるアイテム」です。

つまり靴はわたしたちを「新しいステージ」に連れて行ってくれるのです。

もしピンときたら「靴の整理」をぜひやってみてください。

すると、なぜか臨時収入があり、大きなチャンスがやってきたり、体調が万全になったりと、いいことが続々と起きるのです。

Rule 18

お金の流れがすぐよくなる「クローゼット・クレンズの法則」

この世の中には、「お金の流れがいい人」と「お金の流れがとどこおっている人」がいます。わたしにも「お金の流れがとどこおっていた時期」がありました。

当時、わたしには「あるクセ」がありました。

それは「洋服や靴、バッグを買ったときに入れてもらう紙袋が捨てられない！」。「きっといつか何かに使うだろう」と山のように紙袋をためていたのです。月日を追うごとに、クローゼットの中でかなりの場所をとるようになりました。

ところがある「豊かな人生を歩んでいる人」の方を取材させていただいたときに、「いらないもの」をためておくとそこから「ムダな波動」が出るという「法則」を教えていただきました（84ページ「ルール24」）。

わたしはいちもくさんに家に帰るとクローゼットを開けて中にびっしりと入っている紙袋を一度全部外に出してみました。すると出るわ、出るわ（笑）。

とりあえず数枚の紙袋を厳選して、後はすべて旅立たせ（処分する）ました。

もちろん多少の勇気は必要でしたが、クローゼットの中はものすごくサッパリし、心の中にえも言われぬ「スッキリ感」「充実感」のような気持ちが広がったのです。

「生活を大切にしたい」「必要なものを厳選して丁寧に暮らしたい」

――そんな思いがあふれてきました。

すると数日後にびっくりするようなことが起こりました。

わたしがいままでずっと望んでいた大きな仕事が急に飛び込んできたのです。その仕事を心を込めて担当させていただき、その結果、収入が飛躍的によくなり、いままでよりずっと豊かな生活になりました。

「クローゼットの中から必要ないものを手放すとお金の流れが一気によくなる！」。この不思議な「魔法の法則」を「クローゼット・クレンズの法則」とわたしは呼んでいます。

わたし自身ももう一度「クローゼット・クレンズ」を楽しみながらやりますので、いっしょにやってみませんか？

Rule 19

お金がピンチなときこそ「払えるわたしはすごい人」

「いま、お金がピンチ！」とか「今月はたくさん支払いをしなきゃいけない」というときがあります。「こんなに少ない貯金でやっていけるのかな」と不安になってしまったり……。

でも、不安やあせりの「波動」が自分から強く出ると、「お金の流れ」からますます遠ざかるのです。そう、「お金がない」が口グセになっていると、なぜかお金がさらに入ってこなくなる……。

逆に、「豊かだなあ」とか「しあわせだなあ」と何かにつけて言っていると、不思議と臨時収入が入ってくることがあります。

そこで、自分で意識的に「豊かな波動」にしてお金の不安を解消するために、ぜひ心の中で言っていただきたい「魔法の言葉」があります。

それは「払えるわたしはすごい人」です。

いくら貯金残高は少しだとしても、今月も一生懸命工夫しながら「生活費」「家賃」「税金」「カードの支払い」などをちゃんとやりくりして「払えるわたし」がいます。これって、本当に「すごいこと」なんです。

自分を「わたしってけっこうよくやってるな」と、ほめたり認めたりしたときから、金運の流れは変わります。

食事代、家賃、医療費、税金、光熱費などを払うとき、心の中でこっそりとなえてくださいね。もちろん声に出せるようならそれもますますＯＫ。

さらにはぜひ次の言葉も自分にかけてください。

「払えるだけのお金がある！」

「なんて、ありがたいんだろう！」

「わたしはちゃんと豊かになれるんだね！」

こんなふうに「プラスのエネルギーを放つ言葉」を言っていると、お金はまたあなたのところに戻ってくれます。

Rule 20 「世の中お金じゃないよ」と言わない

〝お金がサラサラと流れてくる川〟をつくっていくためには、自分の中の「お金さんへの意識」をいいものにすることが大切です。

・「お金さん」はわたしたちの夢や願いを実現してくれるすばらしいものです
・「お金さん」に感謝しましょう
・「お金さん」に大切に触れましょう
・「お金さん」をかわいがりましょう
・「お金さん」に居心地のいいところ（清潔でスッキリした空間）にいてもらいましょう
・「お金さん」の悪口は言わないようにしましょう

以上を意識していれば「お金さん」はよろこんで飛んできてくれます。
「お金さん」は、その人が「思っていること」や「口にしていること」を増幅させる力があるのです。

そして、ちょっと衝撃的なお話ですが、「お金さん」は「自分の意思」で行きたいところを決めているると、わたしはある大富豪から教わりました。

では、どういう人のところに行きたがらないのでしょうか？　それは「お金の悪口を言う人」のところ。「お金の悪口なんて言ってません……」と思うかもしれませんが、次のセリフを言ってませんか？

たとえば、「世の中お金じゃないよ」「友だちのほうがお金より大事」「お金のことは後回しでいい」「お金はいらないから〇〇をしたい」「お金はもらわなくていいから」などで、お金は「嫌われた！」と思ってしまうのだとか。

たしかに、わたしたち人間も自分をイヤがっている人のところには行きたくないですよね。もし、知らずにこのようなお金さんの悪口を言っていたとしたら、少しずつ気をつけていきましょう。

その代わりにお金さんのよろこぶ言葉「豊かだなあ」「しあわせだなあ」「ありがとう」を積極的に口にしていると、驚くほどお金の流れがよくなります。

Rule 21

頭の中を改革すると「お金に恵まれる人」になる

わたしは以前、お金にこまっていた時期があります。しかも、「お金がなくてもしょうがない」と思っているうちは、豊かになるチャンスもひらめきもやってきませんでした。

そこから「意識改革」したら、「お金の流れ」がだんだんよくなっていったのです。

「人は『慣れ』の生きもの」という言葉を聞いたことはありますか？

「お金の流れ」に関しても「慣れ」ですし、「慣れ」はプラスにもマイナスにも生じます。

プラスとしては「豊かになることに慣れる！」「『自分はしっかり稼げるパワーがあるんだ』という思いに慣れる」「商売繁盛に慣れる」——そんなふうに「お金に恵まれること」に慣れるのです。

マイナスとしては「貧しさやせっぱつまった暮らしに慣れる」「お客様が来な

いことに慣れる」「売り上げが悪いことに慣れる」――そんなふうに「豊かにならないこと」に慣れてしまう場合があります。

もし、あなたが「豊かになれないこと」に慣れていても、いま気づけば大丈夫です。今日から「お金に恵まれる考え方」に慣れていきましょう。

まずはたとえば、「わたしは今日から豊かな人生を選ぼう。そうすれば、愛する人と共にさらに自由な生活を送れる！」「自分にぴったりのやり方を見つけて豊かな人生を歩む人はいる！　わたしもきっとそうなれる！」「自分には無限の可能性がある！」「自分が一生かけてやっていきたい大好きな仕事やライフワークを見つけて楽しみながら豊かになろう」

……こんなふうに心の中で言って「頭の中」を改革していきます。

わたしは、「いまお金の勉強をして意識改革をしているから豊かになりつつある！」と信じた瞬間から、「お金の流れ」がハッキリと変わっていきました。

わたしといっしょに「自分はお金に恵まれる人なんだ！」という意識に慣れていきましょう。

Rule 22

お金が何倍にもなって返ってくる「生き金」の使い方

自分の中のエネルギーを活性化させて、あなたの人生が充実するようなお金の使い方をすると、金運はますますよくなっていきます。

そういうお金の使い方を「生き金」と言います。まさに文字通り「生きたお金の使い方」をすることです。

たとえば、洋服でもバッグでも家具でも、ライブのチケットでも旅行でも、「それを考えているとワクワクする」ということにお金を使う。自分のエネルギーをアップさせてくれたり、新しい自分になるための学びとなったり、「新しいステージ」に行くためのサポート料金であれば「生き金」です。

また、「生き金」は人によろこんでいただけるお金も該当します。だれかにごちそうしたり、その人がほしがっているものをプレゼントしたり、だれかをサポートするために使うお金も「生き金」になるでしょう。

「生き金」を使ったときは、「楽しい！」「うれしい！」「しあわせだなあ！」「これを買って本当によかった！」と、お金を払った後もなんとも充実した気分になります。

「何がなんでも使わない」とか「徹底的に支出をおさえる」よりも、いい循環をつくっていくお金の使い方です。

言ってみれば「生きていくうえでプラスのエネルギーとなるお金」が「生き金」です。生き金は何倍にもなって返ってくるし、ツキやしあわせもますます連れてくるのです。

ちなみに「生き金」の反対が「死に金」と呼ばれるお金です。

「死に金」とは生きていくうえで「プラスのエネルギーとならないお金」、もしくは「マイナスのエネルギーを呼び込むお金」と言えるでしょう。

そこにお金をかけたのを後々まで後悔したり、衝動買いしたけれど結局、使わないままだったり、行きたくない会合につき合いでイヤイヤ参加するために参加費を払ったり……。

そんな「死に金」を使ってしまったときは「わたしはこれで勉強になりました！」という開運言葉を言ってください。すると不思議なことに、そのお金は「死に金」のままで終わらずに「生き金」に転じていきます。

すべてのできごとに「学び」は含まれていて、魂を成長させてくれるために起きています。

そのことに気づいたときから、さらなる金運上昇がはじまります。

この本を読んでいるうちに、あなたの「お金の流れ」は驚くほどよくなっていくでしょう。

「幸運な人」への歩みがあなたの意識の中でスタートしているからです。

Rule 23

繊細さんの「お金の流れ」がよくなる魔法の法則

この本を読んでくださっている人の中にも、「自分は繊細な感性の持ち主で、もっとラクに自分らしく生きたいなあ」「繊細な感性を生かした仕事を見つけたい」「わたしらしさを生かして豊かになりたい」と思っている方がいるかもしれませんね。あなたらしく豊かでしあわせになれる方法は必ず用意されています。

必要なのは、自分に合わない仕事をガマンして続けることではなく、「自分に合わない環境」にムリに合わせて自分を変えることではありません。

繊細な感覚を大切にして、自分にとって「合うもの」「好きなもの」「夢中になれること」を見つけ、それを生かして収入を得ていくのです。

「わたしはこれが好き」「これがしたい」という気持ちを大切にして繊細な自分の強みを生かした仕事を見つける。これこそが勝負どころです。

お金は「自分を大切にする人」「誇りをもっている人」のところに集まる

傾向にあります。どんなにいい人であっても、「わたしなんか」と何かにつけて自分を卑下する人には運は集まりにくいのです。

お金さんは「自分をさげすむ人」がキライです。

なぜなら自分をさげすんでいると「邪気（マイナスのエネルギー）」が集まりやすくなり、お金さんはその人のところに行くことをためらうようになるからです。だけど、日常会話の中で自分をさげすむのがクセになっていることってありますよね。

たとえば「わたしなんていつまでもぺーぺーだから」とか、「もう歳だし、ババアだからさあ」とか、「どうせわたしなんて何をやってもダメだよ」とか。

ご本人はちょっとふざけたりシャにかまえたりして、軽く言っているだけかもしれません。でもその「コトダマ」はびんびんと宇宙に届いています。

そして「ますます自分をさげすまなければいけないようなできごと」を引き寄せてしまうのです。

ちなみに、SNSに書いたことなどもその人から発した「コトダマ」とみなされます。

一生懸命、働いているのになぜかお金が入ってこない。もしくは、お金が入ってきても何かトラブルが起きてすぐに出ていってしまう。

このように「金運」がとどこおっている人は、「わたしって、自分をさげすんでいないかな」と言葉のクセを見直してみるときが来ています。

たとえ、自分に自信がないときだって「コトダマ」にちょっと気をつければいいだけです。だれだって、うまくいかなかったり、やる気が出なかったり、なんにも手につかない日もあります。

でも、そんなときこそ「自分をさげすむようなこと」を何度も言わないようにちょっと気をつけておきましょう。「卑屈な波動」はお金がもっとも嫌うものです。

「お金さん」はしあわせで誇りをもっている人に自分（お金）を使ってもらいたいのです。

「こんな自分もいいんだよ」と、どんな自分も受け入れられるようになったとき、あなたの金運は飛躍的に上がっていきます。

Rule 24

幸運な人はムダなものは決して買わない

いままでわたしが取材してきたたくさんの「幸運な人」は、「生き金」を使うときは迷いやためらいがほとんどありませんでした。

一方で、彼らが「絶対にしないこと」があります。

それは「ムダなものを買うこと」です。彼らは自分をよくわかっていて、「いまの自分には何が必要か？」を常に考えて散財はしません。

そんなの、「あたりまえ」じゃないかと思うでしょう？

でも、たとえば、100円ショップや激安ショップで高そうに見えるものを見つけたとき、スーパーでお買い得な商品があったとき、好きなアパレルショップでバーゲンをやっていたときは、「そんなに必要じゃないけれど、すごく安いし」とついお財布のひもがゆるんでしまったりします。そして結局、その商品を活用できずに、部屋に眠らせておくことも多いでしょう。

「幸運な人」の人は、そういうことを絶対にしないのです。

なぜなら「ムダなもの（使わないもの、食べきれなかったもの）」からは「ムダな波動」が出ます。その「ムダな波動」は家の中に充満して、その家の人は「ムダ使いをしないと生活できない」というクセがついてしまうのです。

だから、もしも「使わないもの」をうっかり買ってしまったら、新しいうちに必要としている人にさしあげましょう。

「消費期限」が過ぎてしまったものは、「ありがとう」とお礼を言ってからすみやかに旅立たせる（処分する）ようにします。

なぜお礼を言うかというと「あなたのことは上手に使えなかったけど、おかげで自分の買い物の仕方を見直すことができました」という意味を込めて、「ありがとう」を伝えるのです。

ムダなものは、徹底して買わない。もし買ったものを上手に使えなかったら、心を込めてお礼を伝えてから旅立たせる。

シンプルだけど、金運を上げる基本的なルールです。

Chapter 3

神様からの「お知らせ」に気づく

わたしたちに起きていることにはすべてに意味があります。

それはある意味、宇宙や神様からの「サイン」です。

そこに気づくと、たとえトラブルの渦中にいても、心を光の方向に向けて軌道修正していくことで、それ以上運を落とすこともなくなります。

宇宙や神様が贈ってくれるメッセージを受け取り、あなたの運の上昇に生かしていきましょう。

Rule 25

トラブルやアクシデントは厄払いに変えられる

一生懸命生きているにもかかわらず、ときどきハプニングやトラブルが起こることがあります。

誠実に接していたはずの仕事相手が急に怒った、パートナーが相談もなしにいきなり仕事を辞めてしまった、自分や家族が病気になった……など。

そんなときは、だれだってショックを受け、「もう、どうしよう！」とパニックになります。

「なぜわたしにこんなことが起こるんだろう？」と怒りやあせり、モヤモヤ、腑《ふ》に落ちない感情を味わうこともあるでしょう。

そんな場合、スピリチュアル的に見るとさまざまな意味があります。

そのひとつとして、「それが起きたときに、あなたはどんな受け止め方をして、どんな行動をしていくのか？」を宇宙から試されているケースがあるのです。

宇宙からの「お試し試験」は、「ネガティブなできごと」として届けられことが多いようです。人間関係でもめたり、信頼していたビジネスパートナーが急に離れていったり、あなたを取り巻く環境の中で、何かこまるようなできごとです。

特にトラブルが立て続けに起きているときは、

「あなたのやっていることで手放したほうがいいものがあるよ」

「あれは、見直したほうがいいよ」

――そんな「改善の必要性に気づかせるため」の宇宙や神様からのメッセージかもしれません。

たとえば、やりたかった仕事をやっとやることができたのに病気になってしまい、その仕事が1カ月以上延期になってしまうとします。

そういうときは宇宙や神様から、「いまはあまり活発に動かないほうがいい。そのほうが大きなトラブルに巻き込まれるのを防げるよ」や「ゆっくり休んでエネルギーを充電しておきなさい。もうすぐもっと大きなチャンスが来るから、そのときまでエネルギーを蓄えておきなさい」というお知らせの場合もあります。

いずれにせよ「起きていること」には意味があります。

そのことに対して、「ああ、気づかせてもらってありがたいな」と思うだけで、「トラブル」や「アクシデント」は、「厄払《やくばら》い」（災難を追い払うこと）に変わっています。

また、心を落ち着けて、プラスのコトダマを積極的に口にすると（34ページ「ルール5」で紹介している「このことはきっと、いいことに変わる！」がオススメ）、急にトラブルの大きな波が小さくおさまっていくことがあります。

すべてのできごとは、あなたがますますよくなるため、さらに言うと「わたしたちに気づきをくれて、魂を成長させ、ますますしあわせになるために起きている」ということなんですね。

そのために宇宙や神様が「お試し試験」をときどき贈ってくれるのです。

Rule 26

「すごい偶然」は生き方のヒントになる

「あの人、元気かな」なんて考えていたらその人からラインやメッセージが来たり、電話がかかってきた！

そんな、驚くような「すごい偶然！」と感じるできごとがたまに起こります。日常の中でごく自然な流れで起きる「偶然のできごと」、これを「シンクロニシティ」（略して「シンクロ」）と言います。他にもたとえば、

・「ある人」のことを考えながら道を歩いていたら、その人が向こうから来た！
・「あること」が気になっていたとき偶然、行った場所でそれに関する情報が入ってきた！
・「ある人」のことが気になっていたとき、知人から連絡があって「その人、知ってる！」という話になった

などです。

このようなことが連続して起こったときは、

「宇宙はその方向に進むことを応援している！」

「運の流れが青信号になっている！」

「その方向に進むと運の流れがよくなり、強運になる！」

というサインだと思ってください。

この宇宙からのサインに気づくと「いま自分が進もうとしている方向は、これでいいんだ！」と自信が出てきます。

また、シンクロニシティは「自分を大切にしている人に起こりやすい」という不思議な法則があります。

逆に、気分がイライラしていたり、心が満たされていないとき、世の中への「不満」でいっぱいのときや「わたしなんて、どうせ」と自分を卑下しているときは、このような「シンクロ」に気づきにくくなります。

なぜなら、自分や人の足りない面に目が行っていたり、自分を大切にしていないと波動が下がりやすく、天からのサポートを受けづらくなるからです。

逆に「シンクロ」が起こるときは、言わば宇宙からの「いいね！」です。「最近のあなたの考え方や行動、いいですよ！」という宇宙からの「お知らせ」です。

「そうか、こっちの方向でいいんだな」と安心してください。

「シンクロ」は、ただの偶然ではありません。

「シンクロ」はあきらかに「いまのあなた」への応援であり、運が上がって強運な人生になっていくように「答え」や「ヒント」を示してくれています。

「どうしたらいいんだろう」と迷っていたり、悩んでいたことの「答え」を「シンクロ」という現象を通じて宇宙がお知らせして応援してくれています。

宇宙はいつも「一番必要なもの」を届けてくれているのです。

Rule 27

もっと運が上がるサイン「イライラする人」が教えてくれること

「何かイヤなことをされたわけでもないのに、その人を見ているだけでモヤモヤ、イライラする」「なんかこの人の批判をしたくなる」ということはありませんか？

職場や学校でそういうケースもあります。もしくは、テレビに出ているタレントさんやインスタグラムやツイッター上の発言など、逢ったこともない人なのに「なんか虫が好かない！」と思うことも……。

ひょっとしたらそれは、あなたの心の中の「シャドー」と関係しているのかもしれません。「シャドー」はひと言で言うと「心の中で無意識に抑圧している欲求や感情」です。これは心理学者のユングの考え方です。

わたしたちはふだん自分のシャドーを意識していません。しかし、シャドーは知らぬ間に、背後から「自分をふりまわす影」となるのです。

あなたの心に「なんだかニガテだ！」と引っかかった人物は、あなたのシャドーを「投影《とうえい》」しているのです。

たとえば「お金は汚いものだ」「お金を多くもつのはいけないことだ」と思っている人は、豊かに生活している人を見ると、なんだかイライラして、その人を避けたくなったり、もしくは強烈な皮肉を言いたくなります。

こういう人は「お金」に対してシャドーがあると言えます。

ポイントとなるのは「本当はそうなりたい（あこがれている、好んでいる、自分らしくいたい）」という思いが「逆になって出てくる」ということです。

つまり本当は「もっと豊かになりたい」と思っているのに、「そんなことを思ってはいけない！」と抑圧してきた結果、お金を稼ぐことにまっすぐな人が現れると、「あの人はズルい！」となるのです。

多くの人は、「わたしが批判するのは、相手が悪いからだ」と思っています。

つまり、自分の中に理由があるとは気づいていません。

これが「シャドー（影）」と呼ばれるゆえんなのです。

シャドーに向き合っていくには「自分の心にあるシャドーを、あの人に投影して見ているんだ！」と気づくことからはじまります。

このことをユング心理学では「投影の引き戻し」と言います。

投影の引き戻しとは『自分が否定したかったのは、あの人ではなくて、自分の中にある性質だったんだ』と気づくことです。相手を内心で攻撃していたつもりが、本当は自分を攻撃していたとわかるのです。

「相手をイヤだと感じるってことは、自分も同じような性質や願望、才能をもっているのかもしれない。それを活かしていくこともできるんだ」と素直に受け入れ、できる範囲で認めてみましょう。

先ほどの例で言うと、「自分も豊かになりたいし、お金を稼ぐ才能があるかもしれない」と意識してみるのです。すると不思議なことにほっと心がゆるんで、ラクに生きられるようになり、運もますます上がっていきます。

「シャドー」には「本当の自分」を教えてくれる宝物がつまっているのです。

Rule 28

「言わなきゃいけない修行」で魂が向上する

宇宙がときどき贈ってくれる課題のひとつが「自分が思っていることをきちんと相手に伝える課題」です。

これを「言わなきゃいけない修行」とわたしは呼んでいます。

パートナーシップや人間関係、または仕事で「ちょっと言いづらいけれど、そろそろ思い切って自分の思いをちゃんと伝えてみようかな」という状況になることがあります。

たとえば、仕事仲間やスタッフ、友人に「ちょっと言いづらいけど大切なこと」をきちんと伝える。自分が気乗りしないことや心が動かないことを頼まれたとき、丁寧に自分の状況を説明して断る……など、ムリをして相手に合わせているうちに自分の心が壊れそうになって、そのことをありのままに話さないと……と思うようなときです。「自分の思いを言わなければ、心がずっとモヤモヤする」というのがそのサインです。

あなたがそれをきちんと言えなかったのには、きっと理由があるのでしょう。たとえば、「本当のことを言って、相手との関係がいままでと変わってしまったらどうしよう」とか、「細かいことを気にする人と思われたくない」とか、「だれに対してもいい人でいたい」「だれからも嫌われたくない」などです。

そうためらってしまう気持ちもわかりますが、いまから言うことを覚えておいてくださいね。

自分の思っていることを伝えないのは、「嫌われたくない」「傷つきたくない」「雰囲気を壊したくない」という「恐れ」から来ています。

あなたが「恐れ」を手放して、本当の気持ちを相手に言わないかぎり、次のステージには進まないのです。

「言わなきゃいけない修行」は、「新しいステージ」に移るときに贈られることが多く、あなたが自分の気持ちを相手にはっきりと伝えれば、その修行は「クリア」となり、魂的にもステージアップします。

つまり、信じられない話かもしれませんが、宇宙はあなたの魂を成長させるためにそれを設定しているのです。ですので、クリアしないと似たようなこまった状況が何度も何度もくり返しやってくる可能性があります。

自分の本当の気持ちをきちんと伝えるときに、大切になるのは「宇宙への信頼」です。相手があなたのことを大切に思っているのなら、あなたが本音でぶつかろうとしたときに必ず耳を傾けてくれます。

もしも、正直に伝えたことで、相手の人が怒ったり、縁が切れそうになったとしても、「本当に必要なご縁」であれば必ず残るようになっているのです。

本当の気持ちを伝えることで、あなたの心は浄化され、スッキリと整います。「嫌われるかもしれない」というビクビクした不安や恐れが消え、自分をさらに好きになります。

自分に自信がつき、あなたの中に眠っている才能が引き出され、その結果ますます輝いていきます。

Rule 29

人にあこがれる気持ちは生きる「希望」になる

「この人を見ていると、なんだか癒される」
「この人の言葉には希望の光を感じる」
「この人の存在が心強く感じる」

こんなふうに、「ステキだな」と感じる人はいますか？

それは、あなたの身近な人だったり、テレビや雑誌で見る人かもしれません。SNSやブログやユーチューブで心に響く発信をしている人かもしれません。

「あこがれるなあ」とか「わたしもこんなふうになりたい」と思う気持ちはとても大切です。人は、人のことを「いいなあ」と思った瞬間に心に「光」が灯《とも》り、自分から放たれる波動が明るいものになっていきます。

特に心が落ち込みがちなときはどうしたって「光」となるものが必要になります。

ショックなニュースが入ってきたり、人間関係でイヤなことがあったりして、

「もうつらい」「メンタルが上がらない……」ということもあります。それでも何か「希望の光」があると、心を立て直してやっていけます。

あなたが「いいなあ」と感じる人のどんなところに惹《ひ》かれていますか？

その人の言葉でしょうか？　活動でしょうか？　生きる姿勢でしょうか？　やさしさ、そして強さでしょうか？　どんなときもあきらめない姿勢でしょうか？

「あこがれの人」に対して「いいなあ」と思ったところは、実はあなた自身も似たような要素をもっているのです。

だからこそ、その人のその部分が自分の心にピン！と来ているのです。

「これから、あなたもそうなりますよ」「あなたにも、できることですよ」——そうやって、「あこがれ」という思いを通じて、宇宙はメッセージを贈ってくれます。

あなたもだれかに「光」を贈る人になっていくのです。

Rule 30

忘れられないひと言は、天職への「道しるべ」

あなたには「いつまでも忘れられないひと言」はありますか?

ある有名な歌手は中学2年生のころ、下校時にいつもの河原を歩いていました。するど、突然、こんな声を聞いたそうです。

「おまえは歌手になるんだぞ」

その人はそれが気になって、親御さんにギターを買ってもらい、詩をつくり、メロディをつけて「自作の曲」を完成させたそうです。それが歌手としてのスタートであり、その曲はいまでもコンサートで歌っていると言います。

このお話を聞いて、わたしも自らをふりかえってみました。たとえば、学生のころの先生の「陽子は将来、きっとものを書く仕事をするようになるぞ」というひと言。また、20代のときにも大きな病気をしたのですが、そのとき偶然、道で出逢ったおじいさんからの「あんたの病気はきっと治るだろう。そして将来、人をしあわせにするための心のお手伝いをすることになるだろう」というひと言……。これらはずっと心に残っています。

こういう言葉には、「あなたの天職となるもの」のヒントが含まれていることが多々あります。いままで取材してきた「幸運な人」も「忘れられないひと言」や「なんだか気になるひと言」で行動を起こした人がたくさんいます。

心の奥で光っている言葉は「あなたを天職に導く北極星」のようなものです。

昔、旅人は自分が歩いている方向に自信がもてなくなったとき、夜になると「北極星」を探しました。星はどれも動きますが、北極星だけは動きません。だから北極星は、昔の人にとっては北の方角を確認する目印でした。

北極星はいつでも明るくこうこうとした光を放ち、迷いそうになる旅人を「その方向でいいんだよ」と安心させてくれる「道しるべ」なのです。

神様や守護霊様、指導霊様は、ときどき「忘れられないひと言」をわたしたちに贈ります。その言葉はあなたを天職に導く「北極星」です。そのサインをキャッチして、あなたの進むべき方向へと歩いていきましょう。

Rule 31 愛を止めるのをやめて愛することをはじめる

人はかなりの試練にみまわれたり、いわゆる「人生の崖っぷち」のときにようやくわかることもあるのです（本当は「崖っぷち」ではなく、神様の恩寵《おんちょう》でそうなっているのだけれど）。

わたしはこの原稿を書く数カ月前に病気の手術をし、入院生活をしました。そこで亡くなった母に心の中で「お母さん、助けて」と語りかけていたときに、母を愛し、ずっと頼りにしていたことに気づきました。

そして「人の本質は『愛』だ」ということにも気づきました。

人は本当は「人を愛したいと思っている」ということ。

人は本当は「人と愛し合いたい」「わかり合いたい」と思っているということ。

不安なときは、大好きな人に「助けてもらいたい」と思っているということ。

どんなに人と関わることをあきらめ、心を閉ざしたとしても、やっぱり人を愛することを求めている。

生まれてきた目的のひとつは「そのことに気づく」ことなんですね。でも、それは「愛を止めてきた人」にとってとても勇気がいることです。

「愛を止めてきた人」は、きっと何かの原因で自分の中の「大きな愛」を封印してきたのではないでしょうか？

「もっと愛したい！」と本当は思っているにもかかわらず、「だって、あの人にこんなひどいことを言われたんだよ」「あんなひどいこともされたんだよ！」「だから、しょうがないでしょう？」「ね、人なんか信じないほうがいいんだよ」というふうに、「愛」を止めていたほうが傷つかないでいられるとどこかで思ってきたのかもしれません。

その一方で「わたしをいちばん愛してほしい！」「わたしをわかってもらいたい！」「どんなことがあってもよりそってもらいたい！」という思いがずっと心にあったかもしれません。

あなたは確かに人から愛されているのです。

それでも「愛されていない」と思うとき、よくよく自分の心の中を見ると「自分が愛を止めている」ことに気づくかもしれません（「全般的に愛を止めているとき」と「ある特定のジャンルの人に愛を止めているとき」があります）。

「愛を止めること」をしていると、別のことで心を満たそうとしてもなかなか満足できません。しかしやがて何かで気づかされるチャンスが来ます。

それがいわゆる「試練」と呼ばれるようなもの。

人生で思い通りにならないできごとやどうしてもかなわないこと。

さらには「病気」や「事故」、「トラブル」や「家族の問題」など、「荒療治的なチャンス」が来るかもしれませんが、すべては「愛に気づくために起きていること」。これがわかると涙が滝のように流れます。

「試練」には、本当は「気づきのギフト」が隠されているのです。

たくさん泣いて浄化した分、愛することを思い出し、心に光が宿って「新しい自分」になっていくのですね。

Chapter 4

プラスのパワーをためる

幸運な人は日常の中のちょっとした習慣で
「プラスのパワー」をためています。
いくつかのヒントをお伝えしますので、
お好きなものを実行してみましょう。
できる範囲で大丈夫ですよ！

Rule 32

生命力を落とさない ちょっとしたコツ

幸運な人は生命力にあふれています。

たとえば気分が明るくなるカラーの服を着て、楽しく仕事や家事をしています。話をしても「こういうことにハマっているの！」とか「こういうものをつくっているんです」など、その人らしく生きている波動が伝わってきます。

もちろん「幸運な人」だって、「悩み」や「こまったこと」はあるんですよね。でも、グチや泣き言を延々と言い続けることはありません。なぜなら「幸運な人」の心は、「悩み」や「こまったこと」だけでは支配されていないからです。

「今日は何をしようかな？」「どんな料理をつくろうかな？」「ランチがおいしくてうれしいね」「このことはどうやったら乗り越えられるかな？」「このことはきっと、いいことに変わる！」（34ページ「ルール5」）とそっちのほうにメインの気持ちをもっていくようにしているのです。すると「生命力」が強くなります。

そういう人のところに、人もお金もツキもなぜか集まるのです。

昔のわたしは「悩み」や「こまったこと」で心が占拠されることがありました。「この悩みを常に考えてなきゃいけない」と義務のように思っていたというか、そればかり考えて、心をいたずらに暗くしていました。

でも、そうしていると「生命力」が弱くなって、体調不良になったり、何ごとにもやる気がなくなったりしました。結局、悪循環だと気づいたのです。

「悩み」や「こまったこと」があっても、「生命力」を落とさないようにする！

そのためには、日常の中で楽しみをつくろうと考えました。

明るいカラーの色を着たり、キラキラしたアクセサリーをつけて「オシャレ」を楽しむ。いま周りにいる人に愛と感謝をもって接していく。何かを発信していくことでエネルギーを活性化させる。

このうちのどれかひとつでかまいません。悩みや問題を抱えているときこそ、どんよりしたエネルギーを活性化させることに意識を向けてみてください。

すると悩みや問題が不思議と解決する流れがつくられていきます。

Rule 33

ヘアスタイルと清潔感は意外と大事

実は「髪の毛」は、運にとってすごく大事です。昔から髪の毛には「邪気がつきやすい」と言われてきました。イヤなことがあった日に髪を洗わないで寝ると、「なんだか気持ちが悪くてよく眠れない」ということはありませんか?

なぜなら「邪気」が払えないので気分がスカッとしないいんですね。

疲れている日はシャワーでさっと髪を洗い流すだけでも、さっぱりした気持ちで朝を迎えられるし、寝ている間に「こじれた問題」や「心のモヤモヤ」が解決していることもあります。逆に髪をいたわらず、めんどくさがって伸ばしていたり、しょっちゅう寝グセのままでいると、「邪気」を払えず、「金運がとどこおる」「仕事運が上がらない」――そんなふうに運によくない影響が出る場合もあります。

ちなみに「髪のツヤ」も、運にとって非常に大切です。

実は頭には「天の加護《かご》」があると言われているんです。「加護」とは「宇宙が人知を超えた力で応援してくれる」という意味です。不思議なことに「髪」にツヤを出すと、天からの加護をたくさん受けられます。

そして「髪のツヤ」は金運にダイレクトに影響します。わたしが取材をしてきた「豊かな人生を歩んでいる人」や有名人を見ていると、みなさん髪の毛が「ツヤツヤ」ですし、もちろん似合ったオシャレな髪型をされています。

美容師さんと相談しながら、自分の髪質や顔のカタチに合う「ベストな髪型」が完成すると気分がウキウキします。さらに金運アップの面から言うと、女性はヘアアイロンやカールドライヤーなどを使って、「毛先を軽く巻く」、これが「金の気」を呼び込みます。なぜなら、毛先を巻くと「お金がまとわりつく」、そんな金運アップ効果があるからです。ムリして髪を巻く必要はありませんが、巻かない場合も「ツヤ」には気を配っておきましょう。

髪に「ツヤ」があって、常に手入れを欠かさず清潔感があれば、神様があなたを守ってくれて自然とお金が流れてきます。

Rule 34

「円の法則」「いつもよりやさしい言い方」で心をつなぐ

毎日、何げなく口にしている「言葉」。

友人やパートナーと連絡をとり合ったり、オンラインやリアルでだれかと話すときも、ちょっとした「言い方」の違いで、相手の心をホッとラクにさせて、ポカポカとあたためる「お守り」になれます。

たとえば、「あなたなら大丈夫！」「なんだか今日、すごくいい感じだよ！」「今日はとってもいい顔をしているよ」「あなたのおかげだよ、感謝しているよ」――そんな感じで、相手にたくさんの「愛のお守り言葉」を投げかけている人には、「愛」や「安心」「よろこび」があふれるようなできごとが戻ってきます。

「すべて、自分が投げかけたものは自分のところにくるりとまわって返ってくる」

これを「円《えん》の法則」と言います（円を描くように戻ってくるから！）。

「幸運な人」はこの「円の法則」をみんな知っています。

だからこそ、みんな話す言葉に気をつかっているし、「言葉の大切さ」を自分の子どもや仕事のスタッフにも、日々伝えているのです。

自分が言われてホッとする言葉、「うわあ！」と感激しちゃう言葉、「よし、やるぞ！」とワクワクする言葉などを選んで使っていきたいものです。

逆に疲れているときや自己重要感が足りないとき、心がゆれるときなどは、思ってもみない言葉を相手に投げかけてしまいがちです。

そんなときは、後からでも「ごめんね。言い方がきつかったね」「うるさく言ってごめんね」「いつも感謝しているからね」「いつもありがとうね」――そう相手に伝えて心の距離を縮めるようにしたいものですね。

「いつもよりやさしい言い方」で心をつなぐ。

あなたはそれができる人です。

あなたはだれかの心に「光」を投げかけられる人なのです。

Rule 35

後悔でクヨクヨするときは自分から愛を投げかける

人生には「わたしの何が悪かったのかな」「もっと他の選択があったかもしれない」と後悔して、クヨクヨすることってありますよね。自分で考えて選択したはずなのに、その問題をもう一度タンスの奥から取り出すような形であれこれと自分を責めたり、思い悩む。そんなとき、いまからお話しすることを「心の世界ではこういうこともあるんだ」と知っておいてください。

あなたが後悔しているそのできごとは、前世からの深い因縁があるためで、今《こん》生《じょう》での「学びのひとつ」なのです。だから、それは「起こるべくして起こったこと」であり、大切なのはそこから得たことを今後に「どう生かしていくか」です。

いま、できるのは「自分」「目の前の人」「そばにいる人」「あなたの言葉を待っている人」「新たに出逢う人」に愛を投げかけていくことです。たとえば、

・今日は自分の心が望んでいることを優先にスケジュールを立てて動いてみる

・目の前の人やいま周りにいる人に愛を投げかける
・あの人に感謝を伝える
・いまやっている仕事で、こんな提案をしてみようと考える
・ブログやSNSでこういうテーマで発信してみようと考える
・部屋を片づけたり、キレイに掃除して部屋の中をいいエネルギーで満たして今後の準備をする
・ステキな「オシャレ」をして、自分の心も、今日出逢う人の心も明るくする
・「新しいこと」を学んでみる

などをしていくと、ワクワクして、心のモヤモヤがいつのまにかなくなることがあります。

なぜなら「目の前の人に愛を投げかけよう」と思った瞬間に、心の中に「愛の発動機《はつどうき》」ができてそれがぐんぐんとまわり出すのです。

「愛を投げかけるのは、自分から」

すべてのしあわせと運の上昇は、ここからはじまるのです。

Rule 36

「お気に入りのルームウェア」で運をチャージする

わたしの趣味のひとつは、「お気に入りのパジャマやルームウェアをそろえること」。

素材はオーガニックコットンだったり、ガーゼだったり、冬はモコモコした生地だったり、とにかく着ていて気持ちがよくてホッとできる素材のものを少しずつ集めています。

家の中では自分らしいナチュラルな姿に戻りたいし、好きなもの、気持ちいいものに囲まれて過ごしたいからです。

お気に入りのルームウェアやパジャマがあると、家に帰ってゆっくりお風呂につかり、それを着ただけで「ああ、ホッとするなあ！」「今日も1日、がんばったなあ……。少し好きなことをしてからゆっくり眠ろう」とくつろげます。

ですのでこだわりのパジャマはちょっとお値段がはることもありますが、わたしは毎日着るものにお金をかけるのは「意味ある贅沢」だと思います。

いいパジャマは何度も着て洗って、ちょっと生地がくたっとするぐらいに着心地が自分にフィットするよう育てていくアイテム。それに大好きなパジャマやルームウェアを着ていると気分がワクワクして楽しくなります。

「自分を大切にしている！」という気持ちが高まるのですね。

かつてわたしは「パジャマなんて、だれかに見せるものじゃないし」と着古した服をパジャマ代わりにしたり、ジャージやスウェットのまま寝ていました。

でも、「とっておきのパジャマ」を着て眠るようになってから、不思議と運がぐんぐん上がってきました。

風水では「人は寝ているときに運をチャージする」という考えがあります。わたしが取材した豊かな人生を歩んでいる人たちも「寝るときの環境に重きを置いている」という方が多かったのです。

気分が上がるパジャマやルームウェアならなんでもいいのですが、女性の場合「ピンク」を選ぶと、「ステキな魔法のおまけ」がついてきます！

ピンク色は心や体に「満ち足りた波動」をもたらす効果があります。そして、なんと「女性の心や肌を若返らせる効果」もあると言われているのです。

また、「ピンク」は大人の女性にとって、「ホントは好きな色なんだけど、オフィスなどで着るのはちょっぴりためらう」、そんな色かもしれません。

そんな人にも「家の中や眠るときには大好きなピンクに包まれる」という「ちょっとしたお楽しみ」がプラスされます。

また、「白」も「心や体を浄化してくれる色」なので、疲れているときや悩みがあるときにはオススメのカラーです。

お気に入りのパジャマを着て、眠っているあいだに「幸運」を引き寄せていきましょう。

Rule 37

いまの仕事をやめるか悩むときは、愛と使命感をもつといい

「希望した部署に入れなかったので、しかたなくいまの部署にいるんです」
「いまの上司と合わなくて、会社に行くのがつらいんです」
「どうしたら好きな仕事が見つかりますか？」
「どうしたら天職を見つけられますか？」

講演会やセミナーでこんなご相談を受けることがあります。「いまの仕事はやめたほうがいいのかな」と悩むこともありますよね。

わたしもそんな経験があるので、そのモヤモヤした気持ち、とてもわかります。

しかし、いまふりかえると、「そのときやっている仕事」には必ず意味があり、そこから何かを学べたことが、「好きな仕事」や「天職」へと向かう原動力となったと感じます。

わたしたちに起こることに「不要なもの」はひとつもありません。あなた

がその仕事を経験しているのは「未来のあなたに何か役立つこと」だからです。

わたしも会社でOLをしたり、雑誌や書籍の編集をしたこともあります。女性向けのネットマガジンの編集をしたり、「自分らしく幸福な人生を歩んでいる人」にお逢いして取材して、それを記事にまとめていたこともあります。

そのすべてがいまの「エッセイスト」という仕事に役立っています。

どの仕事が欠けても「いまのわたし」にはならなかったと思うのです。

人生ではときに、「希望していない仕事」や「意外な仕事」につく時期もあります。

上司や先輩とソリが合わないこともあります。そのような時期は、

「わたしはこの仕事にまだやりがいは感じないけれど、いまは学ぶことがあるからここにいるんだな」「仕事のことでは意見が合わない上司だけど、雑談で好きなカレーの話をしているときだけは、ちょっと親しみやすく感じる。次は自分のほうから、あの人の好きな話題をふってみようかな」

――そんなふうに自分の心の間口を広げたり、コミュニケーションをとるための工夫を覚えたり、「魂を磨く研修期間」と言えます。

でも、なかなかそう思えないときもありますよね……。

そこで、「あること」を意識しながら目の前の仕事に取り組んでみましょう。

その「あること」とは、「この仕事を通じてどうしたら人のお役に立てるかな？」「どうしたら世の中のお役に立てるかな？」――そんなふうに「愛と使命感」を感じながらやってみること。

すると「いまの仕事」をやりながら、この先やっていく天職へ旗《はた》を立てることになります。いまの仕事が輝いてくるし、その先に「進むべき方向」のようなものが見えてくることがあります。

「愛と使命感をもって一生懸命やったこと」は必ず財産となり、後々その経験があなたを助けてくれます。

「愛と使命感をもって一生懸命仕事をしている人」は、周りの人から見ると輝いていて、まぶしくパーッと光を放っているように見えます。

そんなあなたに、「いっしょに仕事をしませんか？」や「こういう仕事をやりませんか？」など、思いもよらないチャンスが続々とやってくるでしょう。

Rule 38

心がワクワクする人やものを大切にする

運を上げるにはできるだけ「パワーをくれるもの」を集めていきましょう。

たとえば、大好きな映画、お気に入りのブログや動画、おやつ、元気が出る曲、気分が上がる服など。心がときめいたり、「いいな！」と思うものは、わたしたちの波動を調整し、運をアップさせる力があります。

人も同じです。いっしょにいる人から知らず知らずのうちに影響を受けたり、「エネルギーの交換」をしていることがあるのです。いわゆる「幸運な人」の周りには不思議と「幸運な人」が集まってくるものです。

この場合「素直な人」や、また「いい言霊《コトダマ》」を使っている人には幸運が速いスピードで伝染しやすいです。

そうやってみんなで気づき合い、学び合い「ハッピーフロー（しあわせな流れ）」に入っていきます。

あなたに「強運」をもたらしてくれるのはどんな人でしょうか？

それは「この人のことを考えると、なんか気持ちがウキウキしたり、楽しくなる！」という人です。その人のことを考えただけで、とても気分が上がり、仕事や家事に対して「やる気」が出たり、楽しいアイデアがたくさん出たりする、「自分は、もっといろんなことができそう！」と世界が広がっていく感じ。

こういう気持ちにさせてくれる人は、「ステキな運」を運んできてくれる「ラッキーマン（ウーマン）」となります。

その人とのつながりをぜひ大切にしてくださいね。

また逢ったことがなくても、「この人の書いているもの（本やブログなど）を読んでいるとなんだか気持ちが上がって流れがよくなる気がする」、そういう人も「運を運んできてくれる人」となります。

その人から流れる「いいエネルギー」が、わたしたちに影響を与えているのです。

「幸運な人」は、自分といいエネルギーを交換し合う人や、気分をアップしてくれるものを大切にしています。

Rule 39

絶大なパワーをくれる開運フードとは

自分の中のエネルギーを高めたいとき、あなたが必要としている「食べ物」は絶大なパワーをくれます。

数年前、めずらしく「ひどい風邪」をひきました。急に高熱が出て食欲もまったくなくなりました。そのときは車に乗っていて、道の駅で、「桃」が売られているのを見たら急に食べたくなり、大量の桃を買って、気が済むまで食べ続けました。そしたら体調がなぜかぐんぐんよくなったのです。たぶん「桃」にわたしが必要としていた栄養素や「元気のモト」がいっぱい詰まっていたのでしょう。

人は、自分の体調をよくしてくれる食べ物がちゃんとわかるんですね。

だから、「買い物に出かけて、パッと目についたもの」「食べたいなあと思って数日間、頭から離れなかったもの」はあなたの「開運フード」になります。

たとえば、「あのグレープフルーツ、みずみずしくておいしそう！」とスーパーで目についたときは、あなたの体はグレープフルーツに含まれるビタミンCや酸味を欲しているのです。「ゴボウがたっぷり入ったあったかい汁ものが食べたい！」と思うのは体に冷えがたまっていて、ゴボウのような根菜で体をあたためたいときです。焼き鳥屋さんでレバーの串焼きを見て、「なんだか今日はレバーが食べたいな！」となるのは、レバーを食べてパワーを上げたいときなのです。

とにかく「目についた食べ物」「気になる食べ物」はあなたの心と体が必要としているもの。それを食べることによって、あなたは体のバランスを整えて、「幸運をぐんぐん呼び込む体質」になれるのです。

本来、人はそういう食べ方をしてきたんですね。

原始時代、わたしたちは森の中を歩きまわり、目について「おいしそう！」と思った木の実やくだもの、魚などをとって食べて自分の体の栄養バランスを整えてきました。その本能がいまもちゃんとわたしたちの中に残っているのです。

なんとなく「運がとどこおっているな」と思ったら、「目についたもの」「気になる食べ物」を買って好きなだけ食べてみましょう！

Rule 40

プロフィール写真は奇跡を起こす

写真には不思議な力があります。「お気に入りの写真」は、あなたに自信を与え、仕事でも恋愛でも運を上げるのにひと役買ってくれるのです。

わたしがまだパートナーと出逢っていなかったころ、「恋愛スキルアップセミナー」というものに参加したら、講師がこんなことを言っていました。

「プロフィール写真って、すごく重要なんですよ。インスタグラムやフェイスブックなどのプロフィールは、ぜひお気に入りの1枚にしてください！」

なぜならSNSで大切な人と出逢う（再会する）ケースが多いからだそうです。

たしかに写真がステキな笑顔だと「連絡してみたいな」と思いますよね。

アメリカで語り継がれているエピソードですが、「自分は、さえない人間だ」と思っているセールスマンがいました。彼の営業成績はその通り「さえないもの」だったそうです。そんな彼がある日、一軒の家をたずねると、「セールスの達人」

として知られるポール・マイヤーが出てきました。マイヤーはそのセールスマンの「決してうまいとは言えない口上」を最後まで聞くとほほえみながら、彼を自分の家に上げたそうです。そして、彼に自分の上質なスーツを着せて、高級車のそばに立たせて1枚のポラロイド写真を撮り、こう言ったそうです。

「この写真が本当のあなたの姿なんだよ。この姿にふさわしい行動をするように心がけてごらん。そうすればあなたは必ず成功しますよ」

その数年後。1人のセールスマンがマイヤーの家をたずねました。

それはその彼で、彼はたった数年間で「トップセールスマン」となり、みちがえるほどの自信にあふれる姿でマイヤーの前に現れたそうです。

お気に入りの写真があなたの人生に奇跡を起こします。とびっきりの1枚を何度か見直しているうちに「最近のわたしってけっこういい感じかも」と思えるようになり、「このわたしなら、もっといろんなことができそう！」と不思議とモチベーションが上がっていきます。これが「写真の魔法」です。

あなたもお気に入りの1枚をだれかに撮ってもらいましょう！

Rule 41 ネットで表現する人になる

あなたはブログ、ユーチューブ、フェイスブック、インスタグラム、ツイッターなど、定期的に見ているネットはありますか？　心が落ち込んで何も手につかないときや、「いったいどうしたらいい？」と迷っているとき、ふと見たネットの「ある言葉」がきっかけで心に「ひとすじの光」が差してくることがあります。

だれかの発信には、自分がちょうど知りたいことだったり、「気づき」や「ヒント」がつまっていたり、人の人生や運を変えてしまうものもあります。

「わあ、この投稿、おもしろいなあ」「この言葉、心にしみる……」

「電車の中で読んでいて思わず涙が出てきちゃった」

そんなふうに心に響いたとき、それを書いた人のエネルギーとわたしたちはつながっています。

そして、これからあなたも「何かを表現していく人」になるから、たまたま見たものに深く感銘を受けたり、惹かれたりするのです。

特に「心にずっと残っている言葉」があったら、あなたも「同じようなエネルギー」をもっていて、今後はその視点で表現していくかもしれません。

あなたが「自分の体験」や「気づき」「さとったこと」をみんなにシェアすることで、この世界にいる「だれかの心」を照らし、その方がしあわせになるお手伝いを自然とします。

しかも、あなたらしく発信をしていると、あなたの「サポーター（応援者）」のような方が不思議と出てきたりします。

こういうステキな循環が、天が望んでいるネットの使い方とも言えます。

いまの時代は、天が「ネットを使ってみんなの心を癒やしたり、希望を与えてくれる人を探している」、そんな気がしてならないのです。

そして、あなたが発信したことがだれかの役に立ったり、だれかをハッピーにすると、そのしあわせなエネルギーは「うれしい奇跡」となってあなたのもとへ返ってきます。

Rule 42

「ツキ」を呼ぶと同時に、「邪気」をブロックする方法

「幸運な人」は、ある2つのことを同時にやっています。

ひとつは「ツキを呼び込むこと」。本書でお伝えしているようなツキを呼ぶ言葉や行動を実践しています。

そしてもうひとつ、「マイナスのエネルギーを払うこと」を必ずやっています。

「マイナスのエネルギー」とは、いわゆる「邪気」と呼ばれるもの。

「邪気」とは読んで字のごとく「よこしまな気」のこと。たとえば、「闇の霊（悪霊）」や「貧乏霊」と呼ばれて金運に影響を与えるなど、「目に見えない邪気」もあります。また、もめごとをよく起こすような人には「邪気」がとりついている可能性もあります。

わたしたちはちょっとしたコツで「邪気」から身を守ることができます。

また、自分自身が「邪気」を放つことも防げます。

「邪気から身を守る方法」の基本的なことを書いておきますね。

たとえば、身近な人やお店のお客様からグチを長いこと聞かされて気分がぐったりしちゃう、ニガテな上司から理不尽に怒られるなど、「たぶん、これって邪気が飛んできているなあ……」という直感がしたときはどうぞ、自分の身をしっかり守ってください。

方法は3つあります。

1つめは「グチや気分が滅入る話を一方的に聞いたとき、ある程度心を込めて聞いたら、最後はプラスのエネルギーを放つ言葉でしめくくる」。

たとえば、「今日、お話を聞かせてもらって、わたしも勉強になりました」とか、「いろいろ教えてくださり、ありがとうございました」とか、たとえグチであっても「その人から何かを学んだ（反面教師という意味でも）」というスタンスでしめくくると、その場がさわやかな波動になり、邪気がしのび込むのを防げます。

2つめは「事前の対策」です。「今日はニガテな人に逢う」「グチっぽい人に逢う」ということがわかっていたら、あえて明るい色のトップスを着ていったり、キラキラ光るアクセサリーをつけていったりします。邪気が入ってこられないのは、「明るくて、光があるところ」です。

明るいカラーの服やアクセサリーで「光のバリア」をつくっておくのです。

3つめは家に帰ったら、お風呂にゆっくり入ること。できれば塩を入れたお湯につかると、邪気を洗い流したり、浄化になったりします。

この3つの方法であなたは「邪気」の影響を受けずに済むのです。

郵 便 は が き

63円切手を
お貼り
ください

1 0 1-0 0 0 3

東京都千代田区一ツ橋2-4-3
光文恒産ビル2F

(株)飛鳥新社　出版部　読者カード係行

フリガナ	性別　男・女
ご氏名	年齢　　歳
フリガナ	
ご住所〒 TEL　　(　　)	
お買い上げの書籍タイトル	
ご職業　1.会社員　2.公務員　3.学生　4.自営業　5.教員　6.自由業 7.主婦　8.その他（　　）	
お買い上げのショップ名　　所在地	

★ご記入いただいた個人情報は、弊社出版物の資料目的以外で使用することはありません。

このたびは飛鳥新社の本をご購入いただきありがとうございます。今後の出版物の参考にさせていただきますので、以下の質問にお答え下さい。ご協力よろしくお願いいたします。

■この本を最初に何でお知りになりましたか

1.新聞広告（　　　　　　新聞）
2.webサイトやSNSを見て（サイト名　　　　　　　　　　　　　）
3.新聞・雑誌の紹介記事を読んで（紙・誌名　　　　　　　　　　）
4.TV・ラジオで　5.書店で実物を見て　6.知人にすすめられて
7.その他（　　　　　　　　　　　　　　　　　　　　　　　　　）

■この本をお買い求めになった動機は何ですか

1.テーマに興味があったので　2.タイトルに惹かれて
3.装丁・帯に惹かれて　4.著者に惹かれて
5.広告・書評に惹かれて　6.その他（　　　　　　　　　　　　　）

■本書へのご意見・ご感想をお聞かせ下さい

■いまあなたが興味を持たれているテーマや人物をお教え下さい

※あなたのご意見・ご感想を新聞・雑誌広告や小社ホームページ上で
1.掲載してもよい　2.掲載しては困る　3.匿名ならよい

ホームページURL http://www.asukashinsha.co.jp

2023 spring **飛鳥新社のベストセラー**

アカデミー賞受賞!

ぼく モグラ キツネ 馬
アニメーション・ストーリー

978-4-86410-946-8／2,640円

ぼくは、モグラと
キツネと馬と、旅に出た。
そこで見つけた
本当の“家”とは。

世界的ベストセラーをアニメ化、英BBCとアップルTVで公開されると大きな話題となり、**アカデミー賞**(短編アニメ映画賞)**受賞！** 本書はそのアニメ版を書籍化したものです。

今回もミリオンセラー作家・映画監督の**川村元気**さんが翻訳！

鮮やかなカラーイラストで贈るもうひとつの『ぼく モグラ キツネ 馬』をお楽しみください。

チャーリー・マッケジー［著］ **川村元気**［訳］

ぼく モグラ キツネ 馬

8歳の子どもから、80歳の大人まで。
圧巻のイラストで読む人生寓話。

24万部突破！

「うっかり読み聞かせすると、
途中から出てくるのは
言葉ではなく涙です
ブレイディみかこ」

978-4-86410-758-7／2,200円

Rule 43

悩んでいるときのプラスのエネルギーのため方

「いったい、この問題はどうしたらいいんだろう。考えても解決法が何も思いつかない……」など、仕事、人間関係、恋愛など何かに対して迷ったり悩んだり、問題を抱えているときって本当に苦しいものです。

それでも、まずそんなときは、「この問題は必ず解決する」と自分に言い聞かせましょう。

この世では「信じたことが現実に起こる」という不思議な法則があります。解決を信じれば信じるほど、これ以上こじれず解決する時期も早まります。

一方で、「問題」に対して考えすぎてこんがらがってしまったときは、それを考えるのはあえてやめて「いったん保留」にしてみるのです。

宇宙に「この件は最高のタイミングで解決するよう、流れにおまかせします」とお願いして、その間に次の方法で「プラスのエネルギー」を自分の中にためましょう。
・いま与えられている目の前の仕事を、愛をもって全力でやる（できるだけ楽しみながら）
・いま目の前にいる人に愛をもって丁寧に接する
・部屋をキレイにしたり、整理整頓する（いままで手がつけられなかったところをキレイにすると効果倍増！）
・自分に合った運動をして血流をよくして気分をさっぱりさせる
・自然の中に入って森林や海から「いいエネルギー」をもらう
・自分の知っている「いいこと」をできるだけたくさんの人にシェアする（これを「しあわせのドミノ倒し」と言います）
・家族やパートナー、いま連絡をとり合っている人に愛のある言葉を投げかけたり、自分にできることをする
・自分を大切にして自分を日々もてなすように暮らす
・エネルギーが減ってきたらすぐに自分の心をケアして、エネルギーを充電する

（心にエネルギーを充電する方法は、214ページ「ルール75」参照）

このようなことをしていると「プラスのエネルギー」が自然とたまっていきます。そして「プラスのエネルギー」が一定量たまったとき、不思議とわたしたちの抱えていた「問題」が解決してしまうことがあります。

覚えておいていただきたいのは、「問題」が解決するときはほとんどが「思いもよらない方法」によってであることです。

「意外な人物」が「意外な方法」で、あなたの問題解決をサポートしてくれることもあります。

「意外なところ」で「意外な話」から、問題を解決するヒントが来ることもあります。

そんな感じで、解決策はいつも「意外なところ」からやってくることを覚えていてくださいね。

今日、この本を読んだ瞬間からあなたの問題はすでに解決の方向に動いています。あなたの魂はその問題の解決法をちゃんと知っているのです。

Rule 44

自分で自分の機嫌をとる開運言葉

運の流れを整えるには「自分で、自分の機嫌をとること」です。

大人の「機嫌が悪いとき」の感情は、たとえば「人に期待していたけれど期待外れな行動をされてガッカリした」「連絡を待っていたけれど、そのとき相手がなかなか連絡できない状況で、相手に悪気はないことはわかるけれど自分のイライラする気分は抑えられなかった」「人と自分をくらべて自分はダメだなあと勝手に思ってしまう」など少し複雑で自分でもわかりにくいものです。

赤ちゃんのときはぐずると、大人がかけよって「よしよし」となぐさめてくれました。いま、その「ご機嫌直し」をまっさきにやるのは「自分」なんですよね。

自分に「何に機嫌を悪くしている？」「だれの態度や言葉がひっかかっているの？」「本当はどうしてもらいたかった？」などと聞いてみてください。

すると少しずつ、「機嫌を悪くした原因」みたいなものが見えてきます。それを理解したときから、「冷静さ」をとり戻し、波動がぐっと穏やかになるのです。

そして自分をできるだけほめてほしいのです。

特にこの「開運言葉」を自分にかけて、ご機嫌をとってください。


「がんばったね」

「せいいっぱいやったよ」

「完璧じゃなくてもいいんだよ」

「できる範囲でいいんだよ」


すぐには自分の機嫌が直らなかったとしても「自分をいたわる言葉」をかけていると、少しずつ心の霧が晴れていきます。

するとなぜか翌日あたりから不思議と「いいこと」が起こりはじめます。

なぜなら、その人の波動が「不機嫌波動」から「ゴキゲン波動」に変わると「ますますゴキゲンになるできごと」が自然と引き寄せられるからです。

だまされたと思って試してみてください。運のブレがぐっと少なくなっていきます。

Rule
45
疎遠になった人に「感謝」の気持ちを贈る

あなたには「ある時期、とても仲よくしていたけれど、ちょっと疎遠になっている」とか「お世話になったけど最近逢う機会がまったくない」という友人や知人はいますか？　過去に深いつながりをもった人とは、実際に逢わなくなってもお互いに影響を与え合っています。相手と響き合い、わかち合い、助け合った時代があったから「いまのあなた」になっているのです。

疎遠でも気になっている人や過去にふれ合ったり、いまもつながっているご縁、すべてのご縁に感謝を贈りましょう。心の中でそっと「あのときはありがとう」と伝えるだけで、感謝のエネルギーがなんらかのカタチで相手に必ず届きます。

もしも、余裕があったら、こんなふうに心で伝えてみてください。

「あなたとの出逢いがあったから、いまのわたしがあるんです。本当にありがとうございます。あなたとの思い出は決して忘れていません。いまも心の中で『宝物』として輝いています。心から感謝し、あなたのしあわせを応援しています」

こうして感謝の波動を放っていると、いまの人間関係がよくなったり、健康になったり、新しい出逢いがもたらされたり、いいできごとがやってきます。

人との「ご縁」には、「いっしょにずっと歩んでいく運命の人」もいれば、「一時的にいっしょにいる」というケースもあります。

たとえば、人生という川が流れているとしてそこには、ずっといっしょに重なるようにして流れていく葉っぱもあれば、一時的にはくっついているけどまた離れて流れる葉っぱもある。これといっしょです。

人間関係はムリしてつなぎとめようとしなくても「ご縁がある人」とは必ずどこかでつながるようになっています（48ページ「ルール10」）。

あなたらしく生きて、いまそばにいる人や目の前にいる人を大切にする。

自分にできる範囲で相手に愛と感謝を投げかけていく。

宇宙の「はからい」によりすべてはうまくいくようになっています。

Rule 46

ネガティブな言葉は幸運言葉に変えられる

「幸運な人」は、「マイナスのエネルギーを放つ言葉」をできるだけ口にしないで、「プラスのエネルギーを放つ言葉」を積極的に言うようにしています。

ちなみに外国の豊かな人生を歩んでいる人の子どもたちは、小さいときに、マナーを教える家庭教師からこの「言語調整」のトレーニングを受けることが多いと聞きます。

このトレーニングで、「できるだけ言わないほうがいい」とされている言葉《コトダマ》は

1. 不満、グチ　2. 批判、悪口　3. 言い訳、弁解　4. 後悔　5. 正論の押しつけ　6. あらゆる否定的なコメント　7. 未来への根拠のない不安

の7つです。

ただ、わたしはこの「言語調整」に関しては「できる範囲でやろうとすることが大事だなあ」くらいでゆるやかに考えています。

なぜなら、だれでも、「ああ疲れたなあ」とか「もうイヤになっちゃった」とか、「マイナスな言葉をついうっかり言ってしまうこと」ってありますからね。

マイナスなことを言ってしまった後には「プラスのエネルギーを放つ言葉」――たとえば「このことはきっと、いいことに変わる！」などを多めに言っておくとマイナスのエネルギーが相殺されます（34ページ「ルール5」）。

「自分が口にした言葉にはとんでもないパワーがあって、それが現実をつくっている」と知ることが重要です。

毎日、何げなく口にしている「言葉」は、ちょっとした言い方で相手の心をホッとラクにさせてポカポカとあたためる「お守り」になります。その反対に相手の心をぐさりと傷つけたり、イヤな気分にさせる「凶器」にもなります。

ひとつ言えることは相手にたくさんの「愛のお守り」を投げかけていると、自分にも同類の「愛」「安心」「喜び」があふれるようなできごとが戻ってきます。

相手を「凶器」でぐさりとついていると、自分にも「トラブル」「苦しみ」「孤独」を引き起こすようなできごとが戻ってきます。

「幸運な人」は、この「円の法則」を直感的に知っています。だから、自分の子どもやお弟子さんやスタッフにも「言葉の大切さ」を教え込んでいるのです。そしてネガティブ言葉は「幸運を呼び込む言葉」に変えられます。

たとえば、

・「人生のピンチ」↓「学びをもらって人生を再スタートさせるチャンス」

・「離婚」↓「卒婚、そして新しい人生のはじまり」（※「バツイチ」という言葉がありますが「学びをもらった」という点で「マルイチ」かもしれません）

・「ドタキャンされた！」↓「突然、わたしの自由時間ができた！」

・「1日ダラダラしていた」↓「1日、ゆっくりして心を浄化した」

・「わたしはいろいろ〝気にしい〟だ」↓「わたしは繊細で、いろいろなことにこまやかに気がまわる」

・「相手とケンカした」↓「お互いにホンネを言えて、理解と絆をいっそう深めた」

こんな感じで変換するクセをつけていきましょう。「プラスのエネルギーを放つ言葉」を口にした瞬間「幸運を呼び込む言葉」にスイッチが切り変わります。

Chapter 5

自分を信じる

自分のことを好きになれなくても、自分の足りない部分ばかりが気になってしまっても、そのことはいったん切り離して、この章を読んでみてください。

きっと「本当の自分」が見えてきて、あなたの中にある魅力や才能、秘めている可能性に気づいていくでしょう。

そうなると宇宙が全力で、あなたのサポートに動き出します。

Rule 47

自分を「ステキな変わり者」だと認める

「自分だけ他の人と違っていておかしいのかな？」

仕事や恋愛、人間関係などでこんな思いにかられることはありませんか？

そんなとき、わたしたちはだれかと自分をくらべているのかもしれませんね。

あなたには「普通のこと」は似合いません。

常識も年齢も、「普通はこうする」ということも、そんなしばりを超えたところに「本当のあなた」はいるのです。

わたしたちはある意味「ステキな変わり者」であり、その変わっている部分が大切な個性で魅力でもあるのです。

自分を「ステキな変わり者」だと認めたとき、無限のパワーが心の底から出てくるでしょう。

すると、だれかと自分をくらべたり、先を不安に思うことがなくなります。

いま与えられたことや目の前のことに、愛をもってあなたの個性や才能や魅力をぶつけていけるようになるのです。

大切なのは、「自分を信じる」ことです。

自分の「本当の気持ち」に耳をすまして、何より自分を大切にしていきましょう。

言いたいことがあったら、ちゃんと相手に伝えてみます。

人がなんと言おうとも「自分のペース」で人生を楽しんでいいのです。

自分の趣味嗜好や心からワクワクするものを徹底的に追求していってください。

これからあなたの前に、出逢うことが決められていた魂の仲間たちが次々と現れます。すでに出てきている場合はその人と絆《きずな》を深め、なんらかの「共同創造」をはじめることになるでしょう。

そういった奇跡のような流れも、「〝自分〟という個性を認めたとき」からスタートします。

Rule 48

「心の予祝写真」を撮る

わたしは過去、「しあわせな未来」を望んでいるのにもかかわらず、どうしてもかなわなかった時期がありました。

健康になることを望んだのに病気が治らなかった。エッセイストになることを望んだのにチャンスがやってこなかった。パートナーがほしいのに理想のパートナーと出逢わなかった。けれども、「あること」をしたら、現実に数々のドラマが起きて人生が大きく変わっていきました。

よく「引き寄せ」のことを書いた本などで、「望み」は「なるべく細かくくっきりとイメージするとかなう」と言われますよね。

でも、いままで願ってもかなわなかったことほど「なるべく細かくくっきりとイメージする」のは難しいものです。「こんなに細かく決めてしまって、もしその通りできなかったらどうしよう」という心のブレーキが働いてしまうから。

けれども、「自分にとって心がおどるしあわせな未来のワンシーンを思い描くこと」ならなんとかできたのです。

「しあわせな未来のワンシーン」を心に描いたら、「パチリ！」と1枚の写真を撮るように自分の胸に焼きつけておきましょう。もし細部まで描けなくてもOK！　だいたいでいいのです。

これを「心の予祝《よしゅく》写真」とわたしは呼んでいます。これだけで「しあわせな未来を決めること」ができて方向づけられます。

あなたが望む「しあわせな未来」は、決意や覚悟からつくられていきます。心で「着地点」を決めてしまえば、数々のドラマが起きて、現実がその「決めた方向」に動き出します。心が望む生き方にいつもフォーカスさせておくことにもなります。

より強力な磁石のようなパワーがあなたから発信されて、宇宙に届き、願いをかなえる「うれしい引き寄せ」が連続して起こってくるのです。

Rule 49

自分が決めたことはすべて尊い

2023年1月に手術を受けるまでにわたしなりの「ドラマティックな道のり」がありました。治療の選択を考えたり、いろいろな療法も受けて、心と体の調子を整えていきました。

そして手術を受けることに決めたのです。「しばらくブログをお休みします」と記事をアップした後、さまざまな方からメッセージをいただきました。

その大半があたたかい励ましや愛のこもった言葉でしたので、ジーンと心にしみて涙ぐんだりしました。ただその中に、ふだん連絡をとっていないような方から、「手術をしなくても、別の方法があるかもしれない」と手術することへの反対意見がありました。

手術前日でしたし、やはりショックを受け、携帯電話の電源をそっと落として、神様とご先祖様に祈りました。

「いまのわたしに何かメッセージをください」

すると、しばらくした後、胸にふっとある言葉が降りてきました。

「あなたが決めた『答え』はすべて尊い！」

手術でもなんでも、その人が腑《ふ》に落ちて決めた答えはすべて尊いのです。

その人にしかわからない決断の瞬間がそこにはある。だから、その「答えの境界線」を踏み越えてどんどん入ってくるようなエネルギーに心をゆさぶられ、免疫力を落とすのはもったいない。これは病気のことに限りません。

その人の進路やこれからのライフワーク、人間関係などさまざまな選択において、本人から相談を受けたならいいのですが、詳しい事情もわからないまま、相手の境界線に入っていくこと。それが「善意」であったとしても「よけいなお世話」になるかもしれません。

手術の前日に大切なことを学びました。その人が決めた答えを尊重し、それを応援することで愛を贈っていくのです。これらの学びは病気の治療だけでなく、これからもすこやかな人生をつくっていくための宝物です。

Rule

50

運が上がるスケジュールの立て方

実は「運が上がるスケジュールの立て方」というものがあるのでお伝えしますね。

たとえば、ある人から急に「お誘い」があったり、急にひらめいて「あそこに行ってみたいな」と思うイベントがあったりします。

それでワクワクしながら、スケジュールを見てみたら、「その日のその時間が準備されたようにポン！と空いていた」。それは「いまのあなたに必要なことですよ！」「そこに参加するとなんらかの気づきやいいことがあるよ！」という天からの「お知らせ」なのです。

その反対に、『なんか、行きたくないな』と直感的に思った」「この人にはお世話になっているから行かなきゃいけないけど、なんだか気が乗らない」。

それは「いまのあなたには必要ありませんよ」というお知らせです。

「自分にとってすべてベストになるように自然とスケジュールが組み込まれ

ていく」――このような宇宙の流れを「スケジュールの法則」と言います。

ポイントは「このスケジュールの法則は頭で考えるとうまく働かなくなる」ということです。

たとえば、「ある人から誘われたけれど、『ホンネ』では行きたくない。でも、断るとその人との間にミゾが生じそうで恐い。だから、気持ちをふるいたたせてでも行かなくては」などと、自分の「本当の気持ち」を無視してしまうと、「宇宙のサポート」は働かなくなってしまうのです。

運をぐんぐん上げていく「幸運な人」たちは、ワクワクするところに行けば自分のエネルギーが上がるし、その反対に「なんか行きたくないな」と思うところにムリに行くと運がとどこおると知っています。

また、「行きたい！」と思っても、スムーズに行けない場合もあります。

たとえば電車が遅れてしまったり、他の用事と重なったり、金銭面でムリだったり、体調が悪かったり。

そんなときは、「いまは行かなくていいんだな。そのうち最高のタイミングできっと参加できるよね」と宇宙の流れを信頼します。幸運な人は、そういったことを意識しながらスケジューリングをしています。

「誘われたけど、なんかモヤモヤして行きたくない。だから、この予定は自分の直感に従ってちゃんと断ろう」

「今回は予定が入っていて参加できない。でも、きっと自分にとって最高のタイミングでそこに参加できるだろう」

「交通トラブルに巻き込まれてあの用事に行けなくなってしまったけど、そっちのほうがよかったんだ！」

などと、「自分の直感」を信じられるようになると、とたんに気持ちがホッとして物事の選択がシンプルになります。

そんなあなたに、強運が引き寄せられてくるのです。

Rule 51

自分らしい表現をしていると「運命の人」が現れる

「運命の人と出逢いたいんです！」「どうやって探したらいいですか？」

そんなご質問をいただくことがあります。わたしも「運命の人」と出逢いたくてたまらなかったとき、いろんなところに探しに行きました（笑）。たとえば、異業種交流会とか合コンみたいなものに行ったり、知り合いの人に「いい人がいたら紹介してくださいね」なんてお願いしたこともあります。

でも、「運命の人」だと思うような人はまったく現れませんでした。

「あ～あ、もう『運命の人』は一生出てこないのかな」と思った時期もあります。ところが、わたしが「運命の人」を探すのをやめて、自分が伝えたいことを楽しみながら表現しているときに「その人」は現れたのです。

わたしは自分のブログ記事をフェイスブックにあげているのですが、それに「いいね！」を押してくれたり、的確なコメントをくれたりする「知り合いの男性」

がいました。その男性は10年ぐらい前からいろいろな仕事の現場で顔を合わせてきた雑誌の編集長だったんです。そのころは彼を「ライバルだ！」と思っていました。「どちらがいい記事をつくるか競争ね！」というような感じでいたのですが……。そして、あるとき知人の口を通じ「お知らせ的」な感じで彼が前のパートナーと卒業されたと知り、ひょんなことから飲み会で再会したのがいまのパートナーです。

わたしが実感していることですが、「運命の人」は探しまわらなくてもいいんですね。本人が「自分らしさ」を発揮してのびのびと表現をしたり、好きなことをしていると、「運命の人」が引き寄せられてくるのです。

もちろん自分の「本当の気持ち」が「相手をどうしても探しに行きたい！」というときはそれに従っていいと思います。

でも、わたしの場合はこう考えます。

「運命の人」はあれこれ探しまわらなくてもいい。自分の個性や魅力、あなたの「やりたいこと」「伝えたいこと」「できること」を惜しみなく表現していると、その電波をキャッチした「運命の人」が目の前に現れるのです。

なぜなら、あなたの表現の中には「運命の人」にしかわからないキーワードやエッセンスがつまっているからです。

「自分を表現すること」は、ブログやSNSをする以外にもいろいろな方法があります。

絵を描く。歌う。踊る。料理をする。オシャレをする。「これがいい！」と思ったことを自分らしい言葉で語ってみる。

とにかくあなたらしく表現しているとき、全身から「高次元の波動（魅力の電波）」が発信されるんですよね。

その「高次元の波動」に「運命の人」は引き寄せられてくるのです。

あなたという存在をのびのびと表現してください。

自分の「魅力の電波」を抑えることなく発信してください。

そうなったとき「運命の人」はすぐそばまで来ています。その「運命の人」との出逢いがこれからはじまっていくでしょう。

Rule 52

がんばりやさんも「がんばらずに楽しくできる方法」を選ぶ！

がんばりやさんは問題が起きても音をあげず、耐え抜いて助けも出さず、心の叫びを封印したまま、なんとか自分で乗り越えようとします。

小さいころに「問題が起きたら、投げ出さずになんとかがんばって乗り越えなさい」と大人に言われて育った人もいます。

とくに

・自分が望まないことを人から「やったほうがいい」とすすめられている
・人はそれをすすめるけれど自分ではなんだかピンとこない
・もっとラクに楽しくできる方法があるような気がする

そんなとき、心の中をのぞくと「だれかの期待にこたえようと、がんばりすぎている」――そんな自分が見えてくることがあります。

「だれかの期待にこたえようと何かを一生懸命やる」というのは、それ自体は悪いことではないとわたしは思います。ただし、そこには条件があって「人の役に立ったり、サポートすることが心から楽しい!!」ならOK。

でも、「期待にこたえることで、自分を認めてもらいたい」とか、「自分の状況が難しいのに、ムリをしてでも相手に合わせよう」とか、「苦しさ」や「ムリ」、「ガマン」という感情が少しでもあったら、「がんばりすぎているよ」というサイン。

いまの時代に神様がすすめる、問題の乗り越え方は「がんばる」とは、ちょっと違うかもしれません。

「苦しい」なら、「もう苦しいよ」と言っていいのです。「やめたい」なら、「もうやめるね」と言っていいのです。そのガマンを手放せば、あなたに合った別のやり方が見つかるでしょう。

ちょっと発想を変えて、壁の向こう側に行くために回り道したり、楽しく行けるような別の道を見つけると、心軽やかに精神的苦痛もなく「望む結末」に向かっていきます。

Rule 53

「運命の人」や「ソウルメイト」と出逢うためにスペースを空ける

パートナーや〝魂仲間《たましいなかま》〟との「出逢い」を望んでいる人は、「その人を迎え入れる準備」をはじめましょう。

そのためには、「スペース」をつくることです。

いまの人間関係で、「この関係はもう終わりかな」と思っているのに、何かが噛み合っていないのに、さびしさや執着からつながり続けている人はいませんか？　でも、それでは「本当に必要な人」はなかなか現れません。

「出逢い」でもその他でも、「何か」がほしいときは、いまの自分の人間関係やつながりを一度しっかり見直してみて、苦しさやムリしている感があるものは「手放していく」のです。

そうやって心の中に「スペース」をつくる。

そのうえで宇宙にこう問いただしてみましょう。

「わたしにとって、一番必要なものをここに贈ってください」

そうやって後は待つのです。

たとえてみるなら、「新しい靴」がほしくても靴箱がいっぱいだったら、「入るところがないかな？」と「新しい靴」を買うのをちょっとためらってしまう。

でも、「もう履かない靴」を手放して靴箱にスペースをつくると「新しい靴」を買う気になる。この「流れ」に似ています。

わたしたちは「もう履かない靴」を手放したときにちょっぴり不安になります。

「自分に似合う新しい靴は本当に見つかるかな？」と。

でも、これは「新しいもの」を受け入れるために大切な通過儀礼です。

手放すことを恐れずに心に「スペース」をつくり、宇宙にお願いしたとき、いままでになく強力な引き寄せのエネルギーが働きます。

それが「運命の人」や「ソウルメイト」との出逢いにつながるのです。

Rule 54

人間関係のトラブルが続くときは俯瞰してみる

いままでの人間関係で「似たような問題」が何度も起きていることはありませんか？　なぜなら、人はだれでも多少は心のクセ（自分を苦しめるパターン）をもっているからです。たとえば、いつも上司と合わないとか、パートナーと必ず自然消滅してしまうとか、友人と似たことでケンカをしてしまうとか。

「あ、こういうことが以前にもあったな」「あのときもどうしようもなくモヤモヤして心が焼かれたな」と気づくかもしれません。

そこには天からの「今回こそ、心のクセに気づいて、少しずつ直していきなさい」という「強いメッセージ」が含まれています。

「なぜ、似たようなことが何度も起こるんだろう？」と、その「根本にあるもの」を見直す必要があります。

「人間関係」でくり返し起こる「似たような問題」、それはわたしたちが今生《こんじょう》（今回の人生）で乗り越えるべき課題なのかもしれません。

ちょっとスピリチュアルな話になりますが、起きているできごとを、空から俯《ふ》瞰《かん》して、客観的に見るようにしてみます。そのときにできるだけ「愛に満ちた目」で見るようにしてみます。

このことを「高次元の自分（ハイヤーセルフ）の視点で見る」と言います。

1人の人間の魂にはいろいろな性格があり、愛に満ちている面もあれば、エゴや嫉妬、恐怖感・不安感にふりまわされる面もあります。人生において、愛にあふれた判断ができてなんだかスッキリしたときは「ハイヤーセルフの視点で判断したとき」です。逆に、その判断をした後にモヤモヤした気分になったときは、ハイヤーセルフではなくエゴに結びついています。

この本を読んだあなたは、「ハイヤーセルフ」とつながって、いままでとは違うやり方をしたり、違う判断をしてみる時期にさしかかっています。

「心のクセ」に気づき、自分を救えるのは他のだれでもない自分自身。そこに気づき、行動を起こすかで運の流れは大きく変わってきます。

Rule 55

とっぴな直感を信じる

占星術やスピリチュアルに詳しい人の間で「風の時代」という言葉がよく使われています。2020年から「風の時代」という新しい時代に変わりました。

それまでは「土の時代」と言って、お金、物質、地位、結婚制度など、「安定し、目に見える形で豊かになること」を望む人が多い時代でした。

しかし新しい「風の時代」のキーワードは、自由、平等、柔軟性、情報、知性、精神性など。まさに「風」のように目に見えないものの価値が高まり、軽やかに生きていくことが求められる時代なのです。

「風の時代」は、精神性を大切にする「魂の時代」。自分の「魂の声」に耳をすまして動くと、その人の人生は不思議と運の流れがよくなっていきます。

人は、ふと頭の中に「こうしてみたい！」と浮かぶことがあります。

それは、「魂の声」であり、「直感」であり、わたしたちがしあわせになるための「最大のヒント」です。

直感は「なぜかそう思う」とふいにわくので、特に根拠はありません。だから「この直感に従っていいのかな？」と迷ってしまいがちです。

たとえば、「経験はないんだけどこんな仕事をやってみたい！」とか、「こういう新しいことにチャレンジしてみたい！」とか、「あの人に連絡をとってみたいな」「言いにくいけど言ったほうがいいかな」などと心に浮かぶとします。

そのときに頭で考えてしまうと心配になってしまい、やめたほうがいい気になります。しかし、そこであきらめたら、「直感」を無視することになり、自分の「本当の気持ち」がわからなくなってしまいます。

すると全体的な運もとどこおってきて、「いったいわたしはなんのために生きているのだろう？」と毎日がつまらなくなってしまうのです。

「直感」はそれ自体がどんなに「とっぴ」であってもいいのです。

大胆な発想であってもいいのです。

「直感に従って、生きよう！」と決めたら、神様や宇宙が必ず「助け舟」を出してくれるはずです。あなたを応援してくれる人や必要な情報を教えてくれる人が必ず現れるようになっているのです。

でも、「直感に従うのが難しいなあ……」と思うときもあります。というのも「本当の気持ち」というのはたいてい隠れているからです。

なぜなら「人から反対されたらどうしよう」「こんなことしたらどう思われるかな」「失敗したらなんて言われるかな」などと人の目が気になり、その恐れに心を覆いつくされているためです。

「人の目を気にすること」は少しはだれにでもありますが、「人の目ばかり気にして生きてきた」という人は少しずつそれを手放していきましょう。

この本を読んでいるうちに「人の目を気にする思い」は少しずつ軽くなります。そうするとあなたの「本当の気持ち」がだんだん姿を現します。「あそこに行ってみよう！」「あの人に逢ってみよう！」という直感力もさえてきます。

これからの時代は自分の「直感」に従えば従うほど、あなたの運がぐんぐん上昇していきます。

Chapter 6

自分を少し変える

この本を読んでいるうちに、「何かを変えたい！」という思いが出てくるかもしれません。その直感を大切にしてください。そして、何かを変えていくときは、ムリせず、あわてず、自分のペースで変化していくことが、あなたにベストな運の流れをつくってくれます。

Rule 56

自分を「少し」変えるだけでいい

あるとき「何かを変えたい」と思ったら「新しいステージ」がはじまる前兆です。

たとえば、

・自分の考え方をこれまでと変えたい
・いままでやったことのないジャンルの仕事をしてみたい
・ちょっと違うファッションにしてみたい
・人見知りだけど初対面の人と楽しく話してみたい

などいろいろなことに対しての変化です。

この「変化したい！」という気持ちは、「進化したい！」です。

人は「新しい自分」になっていくとき、興味があるものや好きなもの、魅力を感じるものが変わってくるのです。

また、「改めて大切にしたいもの」が心に芽生えるかもしれません。

昔から心にもっていた「ビジョン（望み）」だけど、ここ最近は「ムリかも」とあきらめかけたことに、「やっぱり大切にしたい！」という決意がもう一度芽生えるのです。

たとえば、いままであまりうまくいっていなかったり、見過ごしてきたことも、「変えてみようかな」という思いに気づいたら「少しずつ」、できる範囲で変えてみましょう。

人は自分の考え方、心のクセや生活習慣などを、「急激に」変えることはムリがあるし、続かないものです。

しかし、「新しい自分になるために何かをちょっとだけ変えてみよう」という軽やかな気持ちではじめることはわりとすんなりとできるのです。

また、何かを少しだけ変えてみたとたん、エンジンが入って「いままでとどこおっていた運が一気に動き出す！」ということがあります。

その変化の波に上手に乗ってきましょう。

Rule 57

新しいことをひとつだけやってみる

なんだか理不尽なできごとや原因不明のモヤモヤが続く時期があります。

そこで必要なのは「新しいことに楽しみながら挑戦する精神」です。

「運の流れ」に上手に乗る人は、ほとんど例外なく「新しいことに楽しみながら挑戦する精神」をもっています。

でも、「具体的に何に挑戦すればいいかわからない」という方にオススメなのは、「1日のうちで新しいことをひとつだけやってみる」です。

ほんの「小さなこと」でいいんです。たとえば、

・「一度も入ったことのないレストランやカフェ」に行ってランチする

・いつもの飲食店で、頼んだことのないメニューを注文する

・洋服をコーディネイトするとき、いつものトップスに、組み合わせたことのないスカートやパンツを合わせる

・「歩いたことのない路地裏」を歩く
・あまり読んだことのないジャンルの本を読む

などです。なぜ、こんなふうにささやかながら挑戦することがいいのかと言うと、運には「いつも同じ行動ばかりをしていると、だんだんとどこおっていく」という特性があるからです。

ですから、できるだけ「新しい風」をちょこちょこ入れると、運がその風に乗ってどんどん上がっていきます。

これは「キャビンフィーバーを脱する」ということにもつながります。

「キャビンフィーバー」とは、「自分の波動が煮詰まっていく」ことです。

たとえばせまい部屋に閉じこもって1日中ずっと同じ作業をしていると飽きてきたり、作業のテンポがスローになってあんまり進まなくなったりと、なんだか知らないけれどイライラしてきたりしませんか？　これが「キャビンフィーバー」の状態です。

ずっと同じ場所で、ずっと同じことをしていると人間の脳は煮詰まって、「ひらめき」や「アイデア」が出なくなってきます。

そこから脱出するには、動いて「新しい風」を入れることです。場所を変えて作業をしたり、少し散歩に出て公園とか海の近くへいって自然のエネルギーをもらったり、先ほどあげたように何か小さくていいので「新しいこと」をやってみるのです。

人間は行動がパターン化すると「このことはどうせ、こうであるに違いない」と視野もせまくなってしまいがち。

一方で「新しいこと」をやればやるほど視野も広がるし、天から「ひらめき」や「直感」が降りてきます。

自分の中に眠っていた感性や可能性を目覚めさせるきっかけにもなるんですね。

「毎日新しいことをひとつだけでもやってみること」は、あなたの波動をフレッシュにしてはずみをつけて運をひき上げる魔法のルールなのです。

Rule 58

変化を恐れず楽しむ

この本のルールを実践していると、日常の中に少しずつ「変化」が起きてきます。そんなとき、どうか変化を恐れないでください。

変化はあなたがますますよくなるために起きています。たとえ、あなたの心を試されるようなことや、いままでいたグループから卒業するようなできごとが起きても、いままでのステージを終えて「新しいステージ」に進むためなのかもしれないのです。

あなたの「魂レベル」にぴったりの新しい生活の準備のためだと思ってくださいね。

「理想の世界」とはいまの生活の変化の延長線上にあります。

「新しい仕事のチャンス」

「理想のパートナーとの出逢い」

「自分が本当に望む人生へとシフトチェンジしていくこと」

これらはいまの生活がごくごく自然な流れで少しずつ変化していき、「うれしい奇跡」へと近づくのです。

人にはそれぞれの「人生のシナリオ」というものがあります。

「人生のシナリオ」は「人生の計画表」のようなもので、今回の人生で達成したいことや果たしたい役割（使命）を自分で生まれるときに決めてきているのです。

ちなみに「人生のシナリオ」は、細かいところまでしっかり決めている人と、大まかに決めていて、そのときの流れに乗ることを楽しみたい人など、いろいろな魂計画《たましいけいかく》（パターン）があるようです。

人生のシナリオで「自分の大好きな仕事で、精神的にも経済的にも豊かになっていく！」と決めている人が、新しいステージに踏み出すことが恐くて、ずっと躊躇《ちゅうちょ》していたら、自分が心の奥底で求めている「うれしい奇跡」との出逢いは難しくなります。

なぜなら「本来のあなた」とは、かけ離れた生活をしているからです。

「うれしい奇跡」を引き寄せたいのなら変化を恐れてはいけません。

むしろ変化するほうが自然なので、その変化さえも味わってぞんぶんに楽しんでください。

あなたらしく、今日という日を生きてください。

宇宙はわたしたちをサポートしてくれますが、宇宙が勝手に「うれしい奇跡」をつくって贈り届けてくれるのではありません。

変化を楽しみ、心うららかに日々を過ごし、自分の魅力や才能をできるだけ出すようにしているから、その姿に宇宙が敏感に反応するのです。そして、「うれしい奇跡」が引き寄せられるのです。

Rule 59

ちょっと疲れたときは「ゆっくりモード」にする

毎日がんばっていると、突然「ゆっくりしたくなるとき」があります。

人には、真剣に「バリバリ動けるとき」と、エネルギーをたくさん使いきって、「ちょっとお休みが必要なとき」が交互にやってくるのです。

「ちょっとお休みが必要なとき」には、「ちょっとうたた寝」のつもりが何時間も眠り込んでしまうこともあります。

また、仕事や家事に対してなんにもする気がなくなったり、「今日はもうおしまい」と自分の中で「店じまいモード」になったりもします。

こんなときは「寝てばかりいて、今日なんにもしてない自分ってダメなんじゃないか」「やる予定のことがぜんぜん終わっていない。今日は時間をムダにしてしまったな」と思ったりするかもしれません。でも、「ゆっくりすることで心と体の調子を整えている」のです。

・眠いときは睡眠時間をできるだけ多くとる
・新鮮な野菜料理をたっぷり食べる
・掃除は「ついで掃除・ながら掃除」にしたり、洗濯ものを取り込むときはハンガーに干したものをそのままクローゼットに収納するなどして、手間を減らして快適な暮らしをキープする工夫をする

そんな感じで「ゆっくりしたいモード」のときに、自分をくつろがせる工夫をしてみてください。

「ちょっとお休みしているとき」には、細胞や魂がいろいろ動いて「新しい自分」になるための準備をしています。

「ゆっくりしたいモード」が来たら、それは「これから大きな転換期がはじまる合図！」。

この「お休み」が終わったら、また物事が一気に動き出します。

自分の中に眠っていた才能、魅力、パワーが一気に開花する流れがはじまります。だから「ゆっくりしたいモード」のときは心と体を積極的に休めましょう。

Rule 60

悪く考えてしまうときは真相を確かめる

いろいろと悪い方向に考えてしまい、スッキリしない日が続いているときは、自分に「思い込み」があって、それが世界をせばめていることがあります。自分の中の「幻想」や「思い込み」をやめるのも運の安定になるのです。

たとえば、ある人に話しかけても、そっけなくぶっきらぼうな対応をとられて、「あの人に嫌われている」と落ち込むことがあります。そんなとき、思い切って相手に真相を確かめてみると意外な答えが返ってくるかもしれません。

わたしの場合ですが、そっけない態度だった人にこう聞いてみました。「わたし、あなたに何か悪いことをしたかしら。この前、あなたに話しかけたんだけど、なんとなくそっけないなと思ったの」。すると相手の人が「最近、体調が悪くてボーッとしていて……。この前、あなたにそっけない対応をとっていたとしたら、ごめんなさいね」と。それを聞いたとき、やはり相手に聞いてみないとわからないものだなと思いました。

人は「モヤモヤするできごと」があると、その真相を勝手に推測してしまうクセがあります。なぜなら「真実を確かめる」というのはちょっと恐かったり、めんどうだったりするから。でも思い切って確かめると、自分の知らない事情や想像もつかない理由がわかって視界が晴れたような気分になることがあります。

そして「真実を確かめる」とは、「その人や物事に真剣にかかわろうとすること」なのです。

そのことであなたの世界が広がり、より魂が成長することにもなります。

「真実を確かめる」とは、ポジティブやネガティブに偏《かたよ》ることでもなく、「中庸《ちゅうよう》(中立的なこと)」からの行為です。冷静になって、深く広く受け止めようという落ち着いたエネルギーが生まれます。

だからこそ、「思い込み」や「偏り」が生まれそうなときに、それに気づき、真実を確かめようとする人は、エネルギーのバランスがよくなります。運が変にブレることなく、どっしりと安定するのです。

Rule 61

失敗した自分にやさしくなる

この本を読んでいるうちに、あなたは自然と「新しい挑戦」をしたくなるでしょう。それは、「いままでのあなた」だったら、挑戦しようと思わなかったり、「こんなこと、わたしにできるのかなあ」と不安になることかもしれませんね。しかし、いま勇気を出して挑戦すると「新しい世界」を築けます。

たとえば、あなたが克服してきたことや、そのプロセスで生まれた「気づき」や「体験」をブログやインスタグラムなどで発信すれば、同じように悩んでいる人たちにとって、こんなにうれしい情報はないでしょう。

ただし、「新しいこと」や「いままでやったことがないこと」に挑戦するとき、だれでも最初からスムーズにできるわけではありません。

「知らないことだらけ」「わからないことだらけ」「想像もしないトラブル」「ひとつのものをつくり出すのに、とても時間がかかる」――このような「初心者マークのとき」が必ずあります。

このときに、たとえ失敗しても改良して、また挑戦する「ねばり強さ」をもつことが大切です。そのためには「新しい挑戦」を投げ出さずに毎日、ちょっとずつでも進化している自分をほめていく。（初心者には）ややこしい作業をあきらめずに、投げ出さないで取り組んでいる自分をやさしくほめる。

そうやって「やさしくすること」をぜひ自分自身にしてみてください。

あなたは初めてそのことにチャレンジしたのです。

最初から、上手にできなくていいのです。

むしろ、失敗してもいいから、やってみたことが重要で、そこから「少しずつできるようになる喜び」「昨日の自分より、今日の自分が進化した喜び」を味わうほうが、人間らしいのかもしれません。

たとえ失敗してもうまくできなくても、挑戦したプロセスは貴重な思い出であり、宝物になります。

「新しい挑戦をしている自分」に、だれよりも自身がやさしくなりましょう。

Rule 62

「アンインストール」すると運が上がる

運を上げたいと思ったら、「あれをやったほうがいい！」「これを勉強したほうがいい！」などと自分の中に「何かを入れること」に目が行きがちです。スマホでたとえると、役立ちそうな新しいアプリを「インストール」したり……。しかし本当は「必要ないものをアンインストール（削除）すること」もとても大切なのです。

運をアップするための「アンインストール」とは、

・自分のいまの波動に合わないことをやめる
・自分に必要なものだけ残して断捨離し、余裕やスペースをつくる
・合わない人にムリに合わせるのをやめる

…などです。

アンインストールするサインになるのは、「一生懸命やっているのにうまく進

まない」「トラブルが多発していたりカラまわりしている」ときです。
「このことはどう考えてもカラまわりしているな」「なんだかモヤモヤして、スッキリしない」「物事がからみ合って頭の中がごちゃごちゃしている」「なぜかトラブルが発生して、なかなか前に進まない」ということがあったら、いったんいまやっていることをストップしたり、できれば延期するなどして、心をゆるませましょう。

そうして、「ゆとり」が出てくると、その「ゆとり」に神様や宇宙からのヒントが次々と入ってくるようになるのです。

運を上げたいときは、この「アンインストールの法則」にそって、いまの自分に必要のないものやムリしているものを手放しましょう。

あなたが空けたスペースに「本当に必要なもの」がその後、入ってくるようになるのです。

Rule 63

「他力本願」から抜け出す

「わたしにはとてもムリそうなんですが、あきらめたほうがいいんでしょうか？」とだれかに聞いてみたくなるときはありますか？

それは「運がよくなりたい！」「もっと幸せになりたい！」「新しいことをやってみたい！」「ステキなパートナーがほしい！」「成功したい！」などと願っているのに、なかなかかなわないときかもしれません。

そんなとき、わたしは自分の心の中に「ある思い」がないかをチェックします。

それは「人に決めてもらおうと思っている気持ち」です。

失敗したら恐いから、人に聞いてみたくなる。人に決めてもらいたくなる。

わたしもそうなるときがあります。

でも、「本当の気持ち」は自分にしかわかりません。みんな、ひとりひとり状況が違います。それぞれ自分で決めてきた「修行（試練）」も「魂のテーマ」（今生で果たす使命）も違います。だから、その判断は自分にしかわからない。

「わたしはわたしでいいんだよ」「どんな自分もいいんだよ」。こうやって、何度も何度も言っているうちに最後に「あ、これなんだ！」と答えがなんとなく見つかっていきます。それがあなたにとっての「正しい答え」なのです。

さらに言うと「自分で物事を決めて踏み出した人に、幸運がやってくる」というようになっています。「だれかに聞いてみて、頼って決めてもらおう」「自分は自信がないから、決められないし、失敗もしたくない」と、「他力本願な思い」が抜けないときは「本当のしあわせ」は来ないのかもしれません。

運とは、自分の「本当の気持ち」で決めて勇気を出して踏み出した人に降ってくる「ごほうび特典」のようなものだから。

わたしの友人が数年前に、会社を辞めて独立し、自然食品や健康グッズなどのお店をはじめました。徐々に軌道に乗り、いまではたくさんのお客様に愛されているお店をつくった友人はこう言ってくれました。

「自分が新しいことをはじめるときにとっても勇気が必要だったの。それでも勇気を出して、踏み出したんだよね。だから、その『ごほうび』としていま、新しいチャンスを次々といただいているんだと思う。以前は勇気を出して踏み出すことをあきらめているときがあったし、『痛い思いやソンはしたくない』『自分で決めないで、人に決めてもらいたい』と何かに依存しているときもあった。こういう時期には、奇跡のような流れは起きにくいかもしれないね」

わたしは、この言葉が「ガツン！」と胸に響きました。自分が「やってみたい！」と思ったこと。「進みたい！」と思う方向。なんだかワクワクすること。光を感じる方向。それを感じたら、「その方向に進んでごらん」というサインが来ているので、勇気を出して自分のペースで歩み出してみましょう。

ちなみにいま「やりたいことがわからない」という人も、この本を何度も読み返しているうちに「わたしはこれかも！」とピンと来る瞬間があるかもしれません。

あなたの「進むべき道」はあなたの魂にちゃんとインプットされています。

あなたが覚悟を決めたときに、宇宙が最高のタイミングで目的地へと導いてくれます。

Rule 64

問題が起きたときは「8日間」自分を見直す

だれでも、お金や仕事、パートナーシップ、家族、体調に関することなどで、何か問題が出てきたり、悩んだり、うまくいかないときがあります。

そんなときは、かなり落ち込みますよね。「なぜ、こんなことが起こったんだろう……」と宇宙や神様に聞いてみたくもなります。

しかし、後でふりかえってみると「あのとき問題が起こったから、生活や考え方、生き方を見直す機会になった」ということが多々あります。

自分を見直すための「これから本当に幸せになるチャンス」を神様や宇宙がくださっていることもあるのです

人間は、「特にこまらない」「特に危機感がない」「特に制限がない」という状態で生きていると、自分にとって間違ったことをしていても気づかないし、「ラクだから現状維持でいいや」と何かに挑戦することが面倒になります。また、自分がもっている「使命」も忘れてしまうことがあります。自分の中に眠っている「才能」や「魅力」や「やる気」を引き出そうとすることもありません。「本当の自分」のことを知ろうとも思わず、いままで通りで時が過ぎてしまう……ということもあるのです。

ですから魂レベルで見ると「自分の魂の成長のために、その問題を起こしている」というケースもあるのです。

何か問題が起きたということは、ある意味「自分を見直すときが来た！」という宇宙や神様からの「強烈なメッセージ」。

「そろそろ、このこととじっくり向き合って、見直していく時期じゃないの？」、そんな思いを込めてわたしたちに気づかせようとサインを贈ってくれています。

何か問題が起きたときに、どこかの時点で「これは自分を見直すチャンスなのかもしれない」と気づく。そこからあなたの「運の軌道修正」の流れははじまっていきます。

さらに「自分の運の見直しになるような具体的なことをひとつだけはじめ

る」「それをまずは8日間続ける」がポイントです。生活習慣や考え方などは、いままでつみ重ねてきたクセがあるので、いっぺんに変えられないからです。

たとえば、ネガティブな言葉をすぐに口にしてしまうクセがあって、それを見直したいと思ったとします。

その場合「朝起きたら『すべてのことはいいことに変わる！』という、プラスのエネルギーを放つ言葉を言ってみよう」と決めて、まずは8日間だけ続けてみてください。

「8日間」は、その人の「潜在意識」を書き換えるのに必要な日数だと言われています。また「8日間だけだったら、やってみようかな」という感じで気軽にトライできますし、8日間あれば、プラスの発想がわいてくる回路がその人のなかでつくられていきます。

ムリせず、急にたくさん変わろうとせず、少しずつ自分にできることをしていく。それがあなたにいい影響をもたらしてくれます。

Rule 65

トラウマを手放して、勇気ある「再挑戦」をする

これまでの人生で挫折したりイヤな思いをして「トラウマ」になっていることや、「わたしの人生には、ここが欠けている」という思いがふと心に浮かんでくることがあります。

そんなときは、もう一度挑戦して向き合うときが来ているのかもしれません。天は、そんな勇気ある「再挑戦」を応援しています。

そのために、最初に「自分だけのスタートの儀式」として自分の呼吸を整え、「エネルギー」を高めていきましょう。たとえば、

・1日の中で時間をとって心と体がよろこぶようなことをする（散歩に行く、ヨガをする、何か運動をする、自分をいたわる時間をつくるなど）

・近所の神社に行って、お参りする

・ご先祖様に対して守っていただいていることに感謝を心で伝える

・いま、自分にできる「助け合い」をする（寄付や応援など）
・自分にとってのスピリチュアルスポットに出かける
こうしてエネルギーを高めていくと、再挑戦への一歩が踏み出しやすくなります。

「もう一回やってみようかな」という思いが出てくるのは、「いまのあなたにできることだから」です。

それなのに、過去のトラウマから「もう傷つきたくない！」と思ったり、もしくは「理屈」で考えすぎてしまうと、だんだん「やっぱりもう一回やるのはめんどくさいな」「ムリかもしれないな」という「恐れ」が出てきます。

たとえば、「過去、自分はあの人のことを信じていたけれど傷つくような結果に終わったから」「いまの状態がラクなのに、あえて再挑戦するのは勇気がいるなあ」など、「恐れ」や「不安」が先ばしると、行動できずじまいになってしまうことがあります。

この話のポイントは「いままでの経験から傷つかないようにブレーキが働くの

もわかる。でも、挑戦してみたら、いままでとは違う展開をするかもしれない！」ということです。

再挑戦は、さまざまな経験を積んだいまのあなただからこそ意味があります。いままでは感じなかった喜びやワクワクを感じるものになったり、今回は以前の結果をはるかに超えて、うまくいく可能性もあるのです。

だからこそ、「直感」は、何回も何回も「それをやってみるといいよ」「それが、あなたのため、相手のため、みんなのためになるよ」とわたしたちにメッセージを送り続けるのです。

心に何度も浮かんでくるビジョンや願い。

それを考えているとなぜか「ワクワクすること」は、「再挑戦する」といい流れに乗っていきます。

Chapter 7

「本当の自分」を大切にする

ふだんは忙しくて、「本当の自分ってなんだろう？」と
自分の内側を見つめたり、探求していく機会は少ない
かもしれません。
けれども、新しい時代は「本当の自分」を
大切にすることからすべてがはじまります。
「本当の自分」でのびのびと生きている人が
ハッピーフローに乗っていけるのです。

Rule 66

神様は「自分を大切にする人」が大好き

「『本当の自分』を大切にする人」は、運が自然と上がって幸せになります。この本でお伝えしているルールは、すべて「本当の自分を大切にする」ことにつながります。宇宙も神様も「自分を大切にする人」が大好きです。

「自分を大切にする人」は、宇宙が贈ってくれる「生命エネルギー」をたくさん受け取れるので、何かあっても心や体の回復が早く元気でイキイキしています。

「自分を大切にする」とは、ときに「覚悟を決めること」だったり、いざよい選択が必要だったりもします。自分を大切にしない「習慣」「人間関係」「考え方」などを手放すことも必要になってきます。

たとえば、あなたに対して意地悪を言ったり、大切に扱わない人とは「卒業」するときが来ているのかもしれません。「もうこの仕事はわたしがやることじゃない」「もっとやりたいことが見えてきた」というときは、少しずつ「本当にやりたいこと」へ移行していくときが来ているのかもしれません。

「悩み」や「迷い」に対しては、「本当の自分を大切にする」という観点から見直すと「答え」が見えてくるのです。

わたしは、いままで「自分以外」の何かを大切にしてしまった体験をふりかえってみると、「そのことや人を手放せないと思い込んでいる執着」がありました。

しかし「執着」で選んだものは、どんどん自分を苦しめたり、自分の世界をせばめたり、「本当の気持ち」を抑える結果になっていきます。

逆に「自分を大切にするため」に選んだものでは、自然としあわせになります。

自分を大切にすることを後回しにしていたり、何かの犠牲になって苦しみを感じている人は、「自分を大切にすること」を最優先にしていきましょう。

「自分を大切にする」とは、「自分の『本当の気持ち』を大切にする」ということでもあります。

新しい時代は、「本当の気持ちですべてを選ぶ」時代です。

「本当の自分」でのびのびと生きると運の流れに乗っていけるのです。

Rule 67

「自分のペース」で生きることが、最高の結末を呼ぶ！

2022年の年末からわたしの人生は大きく変わりました。病気がわかって療養生活に入り、生活習慣や食生活を見直して手術や入院生活を経験しました。

それまではびゅんびゅん飛ばして駆け抜けているようなペースを続けていました。充実感もあったのですが「本当にこれでいいのかな？」とか「もっとゆっくりと、丁寧にひとつひとつのできごとを味わいたい」と思うこともたしかにありました。そんなとき、病気が見つかったことにより、仕事や発信のペースを落とすことになったのです。

一方で自分を癒したり、自分の人生をふり返ったり、パートナーや家族や大切な人との絆を深めるための時間をもてました。

「本来の自分のペースで生きるようになった」とも言えます。

仕事やライフワークに関しては、飛行機の操縦といっしょで、バーッと一気に滑走路を走ってぐーん！と飛び上がるときもあるけれど、「次の目的地」が近づいたらスピードを落として地面に少しずつ近づくときもあります。

「バーッと一気に走り抜けるとき」も「ゆっくり目的地にアプローチしていくとき」も、どちらも安全に目的地に着くためには大切なんですね。

病気や何かの事情でいったん「ペースを落とす」のはその人にとって必要なことであり、実は「次の目的地に近づいている」ということなのです。

そして「自分のペース」がどのようなものかは、その人にしかわかりません。

ひとつの目安としては、いまのペースで進んでいることが心地よくて魂が喜んでいるとき。朝、起きたときと夜、眠るときにほのかなしあわせ感を感じるとき。窓から見た景色が輝いて見えるとき。いまやりたいことや魂が求めていることに時間を使えるとき。

そのときは「自分のペースで生きている」ということ。

自分のペースを大切にすることが最高の生き方になり、結果的に「最高の結末」を連れてくるのです。

Rule 68

心と体の不調は「本当の自分」からのSOS

あなたはちょっとした心と体の不調が続くことはありませんか？

・眠くて眠くてしょうがない、または眠れない
・頭がボーッとしている
・妙に疲れっぽかったり、風邪をひきやすくて体調がすぐれない
・心の中の「恐れ」や「不安」が大きくなる
・ささいなことでイライラしたり、カッとしてしまう

このようなことが続いたら、「ちょっとムリしすぎていない？」「がんばりすぎちゃっていない？」「完璧主義がすぎるかもしれないよ」「自分の気持ちにウソをついていない？」と、心と体があなたに訴えているのです。

食べ物や睡眠などの生活習慣を整えるとともに、もう一度「自分を大切にすること」を一番にしてみてください。

仕事や家事を完璧にやろうとせずに「できていないこと」があっても「まあ、いいか」と自分をゆるしてください。

もしもあなたがたくさんの仕事を抱えていて、まったく余裕がない状態なのに、さらに新たなことを頼まれたときは「いまはこういう仕事で手一杯なので、お引き受けしたらかえってご迷惑をおかけしてしまいます」と断ってもいいのです。

自分の時間や意識を、人のために使いすぎずに自分をいたわりましょう。

さらに、人ごみや満員電車ではエネルギーを消耗するため、できるだけ避けるようにしてください。緑の多い場所や海のそば、山の中に入ると、自然があなたをやさしく包んで癒してくれて疲れが回復しやすくなります。

心と体のメンテナンスをすると、エネルギーが充電されて正しく循環するようになり、自分が本当にやりたいことにエネルギーを注げるようになります。あなたは「本来の自分」に戻って、元々もっている「才能」や「魅力」や「パワー」をのびのびと発揮できるのです。

さらには、直感やひらめきが頻繁にきて「うれしい奇跡」が起こってきます。

Rule 69

社交辞令や自分へのウソは言わない

「社交辞令」や「自分の気持ちにウソをつく」など、「本当の気持ちでないもの」は、人に誤解を与えたり、物事をややこしく複雑にしていきます。そして「本当の気持ちでないもの」は長く続きません。

また、自分をいつわっていることが発覚したときに、「人も自分も傷つける」という結果になることもあります。

最初から「本当の気持ち」を大切にして動けばだれも傷つけません。

というのも、相手から「この人って正直な人なんだな」「この人はこういうスタンスで生きているんだな」「それならばこの人のスタンスを生かして、何かをいっしょにしてみたい」――そんなふうに「シンプル」にあなたのよさが伝わって、物事が複雑にならないのです。だれかが傷つくこともないのです。

自分の「本当の気持ち」を大切にして生きることは、「わがまま」でも「エゴ」

でもありません。ちなみに「わがまま」や「エゴ」とは、自分の価値観を人に押し付けたり、何かに執着したり、人を自分の思い通りにコントロールしようとしたり、「カルマ（負のパターン）」を生むようなものが含まれるケースです。

これからわたしたちは「新しい流れ」へ入っていくにしたがって、いろいろなことを「選ぶ」「決断する」ようになります。

そんな中で、いろいろな人がいろいろなことを言うでしょう。

ときに頭で考えすぎてしまったり、「損得勘定」が働くこともあるでしょう。

それでも「本当の気持ち」に耳を傾けてみてください。

そのうちに「いまはこうすることがいい」と、「答えらしきもの」が見えてくるのです。

「幸運な人」は、自分の「本当の気持ち」をとても大切にしています。

いまは「自分の本当の気持ちってわからないな」と感じたとしても大丈夫です。

この本を何かの折に何度か読み返していただくと「本当の気持ち」とつながりやすくなります。

Rule 70

自分の中にいる「飛ぶことをあきらめてしまった鳥」を目覚めさせる

やりたいことがあるとき、わたしの胸の中で何度も「あるシーン」が思い浮かびます。それは「青い鳥がパーッと空高く自由に飛んでいく」シーン。

その「青い鳥」はずっと「鳥かご」に入っていました。「青い鳥」はドアから出てちょっと外に飛んでいっても、必ず鳥かごに戻ってくる。なぜなら、「どうせこれ以上は飛べない」「これ以上飛ぶと痛い思いをする」と思い込んでいるからです。そんな鳥のところに、あるとき、友だちの鳥が飛んできて教えてくれました。「あなたは、もっともっと空高く飛んでいけるんだよ！　心のままに、自由にしていいんだよ。あきらめているのは自分。『これ以上飛べない』と勝手に思い込んでいるのも自分なんだよ」と。

そのとき「青い鳥」は、ようやく自分の「可能性」に気がつくのです。

そして、心のままに自由に空高く飛び立ちました。

同じことが人の可能性にも言えます。「どうせわたしなんて、何をやってもムダよ」「もうこんな歳だから」「どうせわかってもらえないから」──そんなふうに勝手にあきらめているのは自分なのかもしれません。

自分を低く見積もるのは、もうやめよう！

いまの生活に「不満」があるのなら今日からそれを改善する行動をはじめよう。人に伝えたいことがあるのならきっぱりと自分の言葉で伝えよう。やりたいことがあるのなら勇気を出して実行しよう。

もしも、もっと自分の可能性にかけてみたいなら、自分で飛び立たないかぎりは「どこかモヤモヤした自分」がずっと続きます。

まずは、「今日やりたい！　と思ったことをひとつだけやってみること」です。

たとえば、

「あの場所に行きたい！」と思ったら仕事の帰りにそこに行ってみる。

「あの人に逢いたい！」と思ったらその人に連絡してみる。

「あの映画が見たい！」と思ったら仕事のあいまに行ってみる。

こういう衝動的な「やってみたい！」という思いは神様からの大切なサインです。「本当に自由になるための助走がはじまっているよ。どんなに小さなことでも『やってみたい！』と思ったことをひろっていけば、助走にはずみがついてジャンプアップしていくよ！」というメッセージです。

ウキウキしたりワクワクしたりするものは、心のエネルギーを上げてくれてわたしたちに勇気をくれます。

いま、あなたは空高く飛び立つときが来ています。いままでよくガマンしてきましたね。ずっと自分を抑えてきましたね。

もっと空高く飛んでいける！

もっと自由になれる！

この文章を読んだ瞬間からあなたの中で眠っていた「青い鳥」が目覚め、大空に飛び立つための羽ばたきをはじめています。

Rule 71

メンタルが落ちたときは「開運ショッピング」や「ハッピーミーティング」

人のためにがんばったり、一生懸命尽くしたのに、その人が感謝してくれなかったり、認めてくれなかったときに、モヤモヤすることがあります。

「自分よりも、人のことを優先する」――それはすばらしいことですが、人のために自分を犠牲にしてまで尽くしていると、「もっと感謝してくれてもいいのに」「もっとほめられたい」「もっと認められたい」と相手に承認欲求をぶつけてしまいそうになります。

自分が満たされないと、本当の意味で人を助けることはできません。

まずは枯渇《こかつ》している心にエネルギーをチャージしましょう。

そういうときは「自分をよろこばせること」を優先してください。

特にポイントとなるのは「衣食住」です。

衣　心が上がるオシャレをする！
食　ひと口食べたら、気持ちがホッとほぐれるようなおいしいものを食べる
住　部屋をさっぱりと掃除をして、ものを心地よく配置し、心が落ち着くインテリアにする

他にも見たい映画やドラマにどっぷりつかって楽しんだり、おいしいコーヒーや紅茶を飲みながらじっくりと本を読んでみたり、マッサージやヨガに行ったりして、自分のエネルギーの循環をよくしていきましょう。

ちなみに、大好きなものだけを買いに行くことを「開運ショッピング」、大好きな人に逢って話をすることを「ハッピーミーティング」とわたしは呼んでいます。

そんなふうに自分の心が上がる時間を大切にしてください。

「時間ができたら、自分をよろこばせることをやろう！」ではなくて、何よりも優先して自分をよろこばせるのです。

心のマグカップに「愛」とか「よろこび」というお水がたまっていき、あるときあふれ出すように、自分が満たされてはじめて「人をしあわせにするお手伝い」ができるのです。

だから、「心が枯渇しているような状態」になったときは、何はさておき「自分満たし」をしなくてはいけません。

「メンタルがなんとなく落ちている状態が続いている」のは、「自分を大切にして！　自分を満たすことをはじめて！」という宇宙からの合図です。

自分が満たされて愛やよろこびが心の中であふれたときに、あなたの「新しいステージ」は自然とはじまっていきます。

Rule 72

ふだん行く場所をパワースポットにする

パートナーとケンカしてイライラしたり、上司や先輩に理不尽なことを言われたり、仕事がスムーズに行かないなど、長い人生ではいろいろあります。

そんなときは、心と体を「クレンズ」する時期と言えます。「クレンズ」は「浄化《じょうか》」で、自分の中にたまっている疲れや、認めてもらえない悲しみの感情、孤独や嫉妬、過去のトラウマなど「自分の中に膿《うみ》のようにたまっているもの」を洗い流すという意味です。

自分の心をクレンズするためには、「心地いい」と感じる場所を積極的に選ぶようにしましょう。

「どこでもいい」「用事さえ済めばいい」ではなく、ひとつひとつを「心地いいか」「ワクワクするか」で決めてください。

たとえば、歯医者さんやヘアサロン、習い事、マッサージ店、スポーツジム、ホテルなど、何度も通ったり、長く滞在する場所は、「心地いい」「何度でも行きたくなる」「そこに行くとホッとする人や空間がある」――そういう感覚を重視して選ぶようにしてください。

逆に「あまり行きたくない」「ソワソワと落ち着かない」「心地よくない」と心が判断したところは、あなたと波動がズレているのです。できるだけそこに行かないようにしたり、いままでは通っていたところでも、思い切ってそこから卒業したり、「ほどよい距離」をとることも大切ですね。

「場の力」がわたしたちに影響を与えています。

「心地いい」と感じるところはパワースポットです。

そこに行って帰ってくるだけで、心が軌道修正されクレンズされているのです。

わたしたちは「場」から影響を受けています。

パワースポットに行くうちに、あなたは自然とクレンズされ、イヤなことやトラブルもいいことに変わっていくので、あまり心配しないでください。

Rule 73

正直に生きる旅をする

2022年末に病気がわかってから「自分と向き合うこと」を続け、その数カ月間で生き方や人生観にもいろいろ変化が出てきました。

ことあるごとに思うのが「自分に正直に生きていきたい！」。

自分の心が喜ぶものや魂が喜んでいる人とつながりたい。

「とりあえずつながっている」というものや人とは、一度しっかり向き合い、「今後のつながり方」を魂に聞いて決める（その場合、「卒業」や「しきり直し」が必要な場合もあります）。また、自分にできないことやムリしていること、人の期待に必要以上にこたえるのをやめようと思ったのです。

「できないこと」は「できない」と言う。

「やってみたいこと」は「やってみたい」と言う。

そして、人の言動に疑問があるときは「どうしてなの？」と素直に本人に聞いてみたり、自分の思っていることを正直に伝える。

あたりまえのこと、かんたんなことのように思えるかもしれませんが、わたしはまだまだ、できていませんでした。

「正直に生きる旅」をわたしはスタートさせました。

わたしはブログを10年以上もやっています。ありがたいことに、読んでくださっている方から本当にうれしいご意見や感動的なエピソードをいただくこともあります。また「こういうことを書いてほしい」「もっとこういうカタチにアップブレードしてほしい」というようなご要望をいただくこともあります。

そんな中で、いまもっとも大切にしているのは「自分はそれをしたいかどうか？」です。昔はだれかから「もっとこうして！」「こういうことを書いて」とご要望をいただくとすぐにこたえようとしました。相手の期待にこたえたかったのです。さらにもっと自分の心の中を深掘りすると「いい人でいたい」という気持ちもあったように思います。

「自分はそれがしたいのか？」ではなくて、「人の期待にこたえたい」「そうしなきゃいけない気がする」という「謎のループ」にハマっていました。

この「謎のループ」はけっこうやっかいです。

すべてのご要望にこたえようとするといつのまにか「なんかモヤモヤするな」「なんかしんどいな」という思いになることがあるんですよね。

「このスタイルはわたしらしくないな」と思うこともあります。

なぜなら、「自分の気持ち」というのを無視しているから。

自分がやりたいとあまり思えないことは結局は続かないし、もしもムリをして続けたら心と体になんらかの負担が出てきます。

それよりも、自分の心が腑に落ちている状態で何かを発信していくこと。

そのとき心にスマッシュヒットしていること、書きたいことを書いていくこと。

それが最優先だと決めてしまうと、心がすがすがしくすっきりします。

これはブログに限らず、すべてに言えます。

いろんなご要望が来ても「自分はそれをやりたいの？」とまず自分の心に聞く。

「イエス！」という答えが出たらそれを一生懸命楽しみながらやればいい。

「ノー」という答えが出たら絶対にムリしてやらない。

ムリしたり、感情にフタをしたり、自分の心と向き合うことを避けると、「原因不明のモヤモヤルーブ」がますます悪化していきます。

それは体調や人間関係、パートナーシップによくない影響を及ぼすことがあります。

病気になったからこそ気づけることもあります。

今では病気を経験したことに心から感謝しています。

それがわかってからなぜか心がパーッと明るくなり、免疫力が上がった気がします。

「いい人」でいることがなんだかしんどくなったときは、「自分に正直に生きたい！」という心の声に耳をしっかり傾けたいですね。

新しい心の旅をわたしといっしょに続けませんか？

Rule 74

1カ所を片づけるだけで運が上がる

運を上げるためには、そこにいるだけで心地いい「落ち着く部屋」をつくっていきたいものです。

シンプルでさっぱりと片づいている。大好きな小物がところどころに置いてあって、見るだけで癒やされる。自分の好きなカラーで統一されている。

そういう部屋にいるだけで、心がみるみる浄化されていきます。

「部屋をキレイにしておく」のは、「自分を大切にすること」でもあります。

部屋を丁寧に片づける姿を宇宙も神様もご先祖様も見ていて、「この人は自分を大切にしている人だ」と、チャンスや「幸運」を降ろしてくれるのです。

突然、思い立って「片づけ」や「大掃除」をはじめることってありませんか？

それは、「もうすぐ、運の流れが変わるよ」という合図です。

「これから新しいステージがはじまってこの後、人生が驚くほど開かれていく」

ということが自分でどこかでわかっているのです。だからこそ身のまわりを「新しい自分にふさわしいものだけ」にしたくなるんですよね。

逆に、「なんか、最近ツイてないなあ」というときは、掃除と片づけを徹底的にすると、運の流れを変えられるのです。

わたしはいままで多くの「自分らしく幸福な人生を歩んでいる人」を取材してきたのですが、ほとんどの方は「片づけ」と「掃除」に対しておどろくほど真摯に取り組んでいました。「どんなに忙しくても寝る前にはざっと身のまわりを片づけてから眠るようにしているんだ。朝、起きたときに気分がいいからね」「トイレ掃除はスタッフや部下にまかせないで、自分でやっているんだよ」。こんな感じで彼らは「片づけ」や「掃除」を、「神ごと」として大切にしていました。

忙しいときは、1日10分だけどこか片づけてみます。たとえば、引き出しの中を一段だけ片づけると、たとえ小さなスペースでも「整ったいい波動」をそこから感じて、気分がよくなります。

その瞬間から、あなたの運は上向きになっているのです。

Rule 75

エネルギーが減ってきたら「心のスマホ」を充電する

あなたの心に「スマホ」があるとしたら、電池（エネルギー）が減っていることがあります。

たとえば、だれかに傷つくことを言われて落ち込んでしまったり、「わたしって、ダメだな」と自己嫌悪におちいったり、だれかと自分をくらべて「どうせ、わたしなんて」と否定的な思いにかられているとき、あなたの「心のスマホ」の電池は消耗しています。

「あ、いまわたしのスマホの電池が減っているな」と思ったらすぐに充電をしてください。そのためには、自分自身の「コンシェルジュ」になってほしいのです。

「コンシェルジュ」はホテルやデパートでお客様のリクエストにこたえるプロのスタッフのこと。そう、自分を「大切なお客様」として扱うのです。

それは「お客様」と「コンシェルジュ」の対話からはじまります。たとえば、

【あなたの心の声】「あ〜あ、今日は会社で理不尽なことがあったなー。なんだか気持ちが満たされない。どうすればいいのかな？」

【「コンシェルジュ」としてのあなたは自分自身をほめながら、欲しているものを問いかけていきます】「今日は理不尽な相手に大人の対応をして偉かったですね。いまはどんなことをしたら、少しでも気分が上がる感じがしますか？」

【あなたの心の声】「うーん、いまはちょっと冷えているから心も体もあたためたいな。それから、お腹もすいてるし、今日はよく頭を使ったから甘いものが食べたいかも。でもダイエット中だからヘルシーなものがいいな」

【「コンシェルジュ」としてのあなたは自分自身の要望をまとめながら「今日の充電法」としてふさわしいものを提案していきます】「では好きな入浴剤を入れてゆっくり湯船につかるのはいかがですか？　そしてお風呂から出たら、ちょっと贅沢な茶葉を使って丁寧にいれたダージリンティーと米粉のクッキーをお供に、お茶の時間をのんびり過ごすのはどうですか？」

【あなたの心の声】「わあ、いいね！　気分がちょっと上がってきた」

とこんな感じで、自分で「1人二役」になり、「いまの自分が欲している答え(充電法)」を探していきます。こうやって「自分自身に問いかけていくこと」は心理学やコーチングの世界でよく使われている手法です。

だって、「自分が一番求めている答え」はあなたが一番知っているのですから。

大切なのは「心のスマホ」の電池が減っているままで1日を終えないことです。そのままにしておくと、「もう動きたくない」「どうせ自分なんて電源をオフにしてしまったほうがいい」とエネルギーが枯渇してしまうことがあります。

そのときに「お客様(あなた)」と「コンシェルジュ(これもあなた)」の対話で、自分がいま何をしたら心が上がるのか、魂が元気になるのかを探っていき、もっとも望むことを自分にしてあげること。それが心の充電になるのです。

Chapter 8

自己受容する

運が上がる究極のコツは、どんな自分も認めて「これでいいんだよ」と受け入れていくことです。これは「自己受容」と呼ばれ、すべての運の土台となります。かんたんなことだと思えるかもしれませんが見逃しがちです。

「自己受容」の大切さを知っておいてくださいね。

Rule 76

どんな自分も認めて受け入れていく

この章では、幸運になるために一番大切な基礎(土台)についてお伝えします。多くの人はこの真の大切さを知らないので、運が上がっても、ふとした瞬間につみ上げたものがくずれてしまうことがあります。

すべての運の基礎となるのは「どんなときも自分に『それでいいんだよ』と言ってあげること」。これを「自己受容《じこじゅよう》」と言います。

幸運な人は、この「自己受容」の大切さになんとなく気づいています。似たような言葉に「自己肯定感《じここうていかん》」があります。

でも、「自己受容」と「自己肯定感」はちょっと違います。

世間で言われている「自己肯定感」とは、「自分ならできる!」「自分はすごい!」と積極的に自分を肯定すること。この感覚は、新しいことに挑戦したり、夢を実現しようとするときに背中を押してくれます。

その「自己肯定感」の土台となるのが、「自己受容」なのです。

「自己受容」とはありのままの自分を理解してそのまま受け入れること。

「挑戦できない自分もいいんだよ。そんなときがあってもいいんだよ」

「自分には価値があるなんていまは思えないけれど、それでもいいんだよ」

こんな感じで「自分はここがダメだなあ」と思う部分もジャッジせず、「そのままの自分をそっとハグするように受け入れていく」感じです。

「自己受容」というしっかりした土台があってこそ、すこやかに「自己肯定感」が育っていきます。

このことを「フルーツタルト」にたとえて説明してみますね。

わたしの友人でスイーツが大好きな人がいるのですが、こう言っていました。

「陽子ちゃん、本当においしいフルーツタルトはタルト生地がおいしいんだよ」

フルーツタルトには、フレッシュないちごや桃、クリームなどがたっぷりのっていますす。そんな具をしっかり支えているのは生地で、こだわった生地はサクサク、ほろほろ、バターの香りがフワッとしてそこだけ食べてもおいしい！　そして生地がしっかりしていたら全体が絶対にくずれません。逆に生地がもろいとすぐにくずれてしまい、全体の味のハーモニーもだいなしです。

わたしは、「自己受容は、丁寧にしっかりつくられたタルト生地と似ている！」と思いました。

自己受容が「タルト生地」だとすると、自己肯定感が「クリーム部分」で、開運習慣やコトダマが「色とりどりのフルーツ」になりそうです。

逆に、「自己受容」という土台がもろい「自己肯定感」はあやういものです。

ありのままの自分を受け入れていないと、

「これができているから自分には価値があるのだ！」

「これができていない自分はなんてダメなのだ」

といった「条件付き」で自分を見るようになってしまいます。

これはうまくいっているときはいいけれど、失敗したときに心にダメージを受けます。だから、「自己受容」が大切なのです。

どんな自分にも「それでいいんだよ」とＯＫを出せる人は、運の「土台」がとにかくしっかりしています。メンタルもくずれにくく、安定しているのです。

何かトラブルが起きても心が折れにくく、うまく適応するように工夫できることを、「レジリエンス（弾力、回復力、強靭《きょうじん》さ）」と言います。

しっかりとした土台をもっている人はレジリエンスが高いので、困難が降りかかっても運のペースが乱れません。

「自己受容」ができている人は、そんな魅力があります。

逆に「自己受容」ができていないと、何か起きたときにくずれやすくなります。

また、他の人からどう思われているかを必要以上に気にしすぎたり、人の言ったことにふりまわされやすくなったりします。

実は運がもっとも上昇するのは、心に荒波が立っておらず、おだやかで静かで平和な状態のときです。

「どんなときも自分に『それでいいんだよ』と言ってあげること」

こうして自己受容していると、おだやかで平和な状態に戻りやすくなります。

これを知ってしまうと、もう何が起きても運が下がりません。

Rule 77

「自分と向き合う時間」を1日10分でもとる

では、「自己受容」するためにはどうしたらいいでしょうか。

どんな自分もまるごと受け入れるためには、まず「自分を知ること」が必要です。

わたしは、いままで「自分らしく幸福な人生を歩んでいる人」を1000人以上取材してきたのですが、「1日の中で1人になる時間を必ずつくる」という方が多くいらっしゃいました。

「1人の時間」に「自分と話し合い」をして、自分の「本当の気持ち」を探るのですね。たとえば、

「いま、自由な時間ができたら、どこに行って、何をしたい？」

「いま体で痛いところや調子のおかしいところはない？」

「いま何が食べたい？　どんな栄養を欲している？」

「いま何かにモヤモヤしていない？」
「モヤモヤしているとしたら、何が原因だと思う？」
「どうすれば、そのモヤモヤが晴れる？」
「いま、何を思うと気分がパッと明るくなる？」
「この先、どんなふうにして生きていきたい？」——など。

このことを「自分と向き合う」とか「自分と対話する」とも言います。

自分との対話で出た「答え」をまるごと受け入れていきます（自己受容）。

自分の心の中をひとつひとつ丁寧に見ていくと、自分の「本当の気持ち」が少しずつ少しずつ浮かび上がります。その「本当の気持ち」を、忘れないようにメモしておくといいかもしれません。書き出すことで自分の心の中がより明確に整理されていきます。

「本当の気持ち」は、わたしたちをますますしあわせにしてくれる最高のヒントであり、これからの新しいステージをつくっていく「しあわせのタネ」となります。

忙しいときは1日のうちに5分でも、10分でもいいです。心を整理して、「本当の気持ち」を知る時間をもちましょう。自分の本当の気持ちがわかったときから、運が自然と上昇していきます。

「自分と向き合う時間」をつくらないと、いまの自分が何を望んでいるのかがわからないので、人の言うことに左右されたり、だれかに依存しがちだったりして、あっちにフラフラこっちにフラフラしがちです。

実は、「自分と会話しているとき」は、「神様やご先祖様や宇宙とつながっている時間」とも言えます。自分がせかせか用事を済ましているときには出てこないような「大切な答え」がわかったり、「斬新なひらめき」や「画期的なアイデア」が降りてくることがあります。

その「答え」が出たときに、視野がパーッと広がる感じがしたり、何か腑《ふ》に落ちる感覚や、えも言われぬようなスッキリ感を感じたら、それは宇宙からの「スペシャルギフト（特別な贈りもの）」です。

あなたの運を劇的に押し上げるような「ヒント」や「答え」なので、大切にしてくださいね。

Rule 78

わたしさえガマンすればいい？「犠牲の箱」から出て、自分らしく生きる

「わたしさえガマンすればいい」「まずは人のしあわせを大切にして、わたしのことは後でいい」――こんな風に自分を後回しにしてしまうことはありますか？

これをわたしは「犠牲《ぎせい》の箱に入る」と呼んでいます。

いままでは「自分を後回しにしたり、何かを自分がガマンすることで、だれかの役に立てたら」と自分を犠牲にしてきた人がいらっしゃるかもしれません。

ご自身では気づかないかもしれませんが、あなたにはたしかに才能と魅力があります。この本を手に取ったいまこそ、「犠牲の箱」から出ていくときです。

この瞬間に、しっかりと宇宙に宣言してください。

「わたしは、『自分らしさ』を発揮して生きていきます！」

仕事、ライフワーク、プライベートなどで、自分らしさを発揮すればするほど新しい時代の波に乗り、すべてがうまくいくようになっています。

いま天は「人の心を軽やかにしてくれる人」や「人の心をホッと癒してくれる人」、「人に元気をくれる人」を探しているようです。あなたにはそんな役割があるのかもしれません。だからこそ、この本と出逢ったのです。

それなのに、自分らしく生きることに遠慮があったり、魅力や才能を発揮していないと、「あなたらしく生きるときが来ているよ！」「あなたの魅力や才能をぞんぶんに生かして、この世界を愛と光で満ちたすばらしいものにしていってね」とわからせるようなできごとが何度も起きるのです。あなたの魂は「ひとつ上のステージに行きたい」と思っているのではないでしょうか？

「人とくらべるのではなく自分らしく生きていきたい」

「人から見たら『変わり者』かもしれないけれど、これがわたしなんだ！」

「自分らしく表現したり、発信していきたい！」

「自分の可能性をもう少し広げてみたい！」

「自分の知っていることやできることで、より多くの人の役にたちたい」

そんな思いがあるのなら、「新しいステージ」へ歩み出すときです。

かつてわたしは「本当の自分」を出すことがなかなかできませんでした。

人から何かを言われたり、「あの人は変わり者だ!」と思われたくないという気持ちがブロックとなり、「本当の自分」を出せずにいました。

そんなあるとき勇気を出して立ち上がり、手さぐりでブログをはじめているうちに自分の「天職」(エッセイスト)を見つけました。

そして、いまさらなる「新しいステージ」へと歩み出すために、新しいことを学びはじめたり、新しい企画にもチャレンジしていこうと思っています。

わたしも「自分らしく生きる」と決めました。あなたも本当は気づいているかもしれませんね。あなたのまだ出し切っていないパワーやエネルギーに……。

さあ、あなたの中に眠っているものを引き出し、本領を発揮するときです。

「自分らしく生きる」と決めたときから、本当の意味で「生きる充実感」と「真の幸福」が訪れます。そして、運も新しいステージの波に乗り、想像もできないような天の力にサポートされて、前から望んでいたステキな未来へと運ばれていくのです。

Rule 79

「自分軸」をつくる

「自己受容する」とは、「自分軸で生きること」でもあります。

「自分軸で生きる」とは「自分の本当の気持ちで物事を選び、自分自身の考え方や感じ方を大切にして物事を決めること」を意味します。「自分軸」で生きると、イメージとしては自分の中に「芯」ができあがります。

「このままのわたしでいい」という信念の柱のようなものです。

反対に「他人軸で生きる」とは、人から言われた通りに、自分の思いがないまま表面的に行動したり、他人や親や上司からの評価を一番にして生きることです。

では、「自分軸」をつくるにはどうしたらいいでしょうか？

一本、ビシッと自分の中心に軸を通すところをイメージしてみてください。

「自分はどのような『列車』に乗っていきたいか？」を決めることからはじまります。列車とはあなたが選ぶ「人生」を指しています。列車の中で、

・どんな目的地をめざしたいですか？
・どんなことを仕事にしたいですか？
・だれといっしょにいたいですか？
・何かをつくり上げるとしたら、だれと共同創造がしたいですか？
・どこに住んで、どんな暮らしがしたいですか？

――「自分は何を優先したいのか？」がわかると、わたしたちの中に「自分軸」がつくられていきます。

そして、何かを決めるときに迷うことが少なくなります。

また、迷ったとしても自分軸に戻って「わたしの本当の気持ちはなあに？」と聞けば、「自分にとっての正しい答え」がいままでよりスピーディに出せるようになるでしょう。そして、自分の「本当の気持ち」を周りの人に正直にありのままに伝えられるようになります。

周りにふりまわされることが少しずつ減っていき、すべての行動や選択は「自分が腑に落ちて選んだこと」となるので、毎日が楽しい気に満ちていきます。

Rule 80

自分以外のだれかにならなくていい

自分の性格や人生に対して「これでいいのかな」と自信がもてなくなるときはだれにでもあります。「人の生き方」がうらやましくなったり、「あの人にくらべて自分はダメだなあ」というように自分を責める感情がわいてきたり……。

そんなときこそ、自己受容することの大切さを思い出してください。そして、自己受容するためには、「自分以外のだれかになろうとしないこと」です。

あなたはあなたらしさにあふれる魅力や才能、オーラをもっています。

また、あなたが「うらやましい」と思った人は、その人らしい魅力や才能やオーラをもっていて、ある部分ではあなたと正反対であったり、あなたとは異なっている部分が特に目立つかもしれません。

「みんな違ってみんないい」という言葉がありますよね。

まさにその言葉の通り、あなたの魅力や才能とはちょっと違う部分をもった人を、いま「魂の学び」として見ているのです。

そして、お互いのいい面を尊重し合って、何かをいっしょにはじめて、バランスのとれたチームとしてすばらしい共同創造に発展していく可能性もあります。

その人はたしかにステキな人かもしれません。

だからといってあなた以外のだれかになろうとしなくていいのです。

あなたにできることを一生懸命していれば、それがベストな道であり、運は自然と上がっていきます。

また、ムリをして人脈を広げたり、人に合わせる必要もありません。

いま側にいる人やあなたのところにご縁があってきている人を大切にしていれば、運はさらなる上昇を見せるでしょう。

自分以外のだれかになろうとせずに「自分らしく進むとき」です。

あなたにはあなたの居場所がすでに用意されています。

そこで魅力や才能を惜しみなく発揮していきましょう。

あなたはそれができる人です。

Rule

81

自分を責めてしまうときは この言葉をかける

わたしたちはふとした拍子に自分を責めていることがあります。

「この物事がこういう流れになったのは、わたしが悪かったのかもしれない」

「あの人が離れていったのはわたしのやり方に問題があったのかもしれない」

そんなふうに「自分をゆるせない」気持ちが心にあると、心はコチコチに固まっていきます。すると目につくものや耳に入るものまでも、「ゆるせない！」という思いにかられるようになります。

「あの人のあの言葉はゆるせない！」

「会社のこういう部分がゆるせない！」

こんな感じで人生はガチガチに凝り固まった、苦しいもの、おもしろくないものになっていきます。そして、その「ガチガチの思い」は体にも影響を与えます。

体も凝り固まったり、どこかが痛くなったり、めまいがしたり、呼吸が浅くなったり。これでは「運の流れ」もとどこおっていくことになるでしょう。

だから、その「ゆるせない」思いを、どこかでふっと解放してほしいのです。

いままで、家族や上司、友人などその人のことを思い浮かべると心がチクチクしたり、「ゆるせない！」気持ちがわくのは、自分をゆるしていないから。自分をゆるせるようになると、なぜか、人もゆるせるようになります。

「自分をゆるします」

この言葉を何度も自分にかけてくださいね。

うまくできない自分をゆるします。

偏っている自分をゆるします。

〇〇することがニガテな自分をゆるします。

愛を受け入れられない自分をゆるします。

いまこそ自分をゆるし、より自分を好きになり、自分の人生を肯定し、より自分らしく歩みはじめるとき。

いよいよ、あなたにしっかりとした運の流れができていきます。

Rule 82

本当は「心の傷」があることに気づく

ふだんの生活の中で「なんだかわたし、このことに対してすごく感情的になったり、不安になっているなあ」と思うことはありませんか？

たとえば、

・上司や先輩、知人から言われたことで、後々まで胸がチクチク痛む
・他の人は仕事がうまくいっているのに、自分だけあまり進歩がないように感じられる
・「自分のことをわかってもらえない」という思いが強い
・人と心からつながることができないという孤独感がある

など、「メンタルがどーんと落ち込むこと」があるかもしれません。

そのできごとは、「カルマ（過去の因果）」から来ているかもしれないし、今生（今回の人生）でできた「心の傷」からなのかもしれません。

過去に経験した「つらいできごとの記憶」は、ふだん、心の奥のほうに潜んでいます。

この「過去に経験した」とは、「今回の人生」だけでなく、「前世で経験したこと」も含まれます。たとえば、前世で何か「ものすごくつらいできごと」や「忘れられない過《あやま》ち」を経験した場合、その「傷」を今回の人生で癒すことを「魂の宿題」としてもってくる場合もあるようです。

もちろん、生まれ変わる意味は他にもいろいろあって、「オリジナルファミリー（生まれた家族）と出逢い、育ててもらう過程で学ぶこと」「天職を見つけること」「パートナーと出逢い、パートナーシップを体験すること」「ソウルメイトと出逢うこと」など、すばらしい目的はいくつもあります。その中のひとつとして「心の傷を癒し、その経験を今後の活動に生かしていくこと」があるのです。

人はそれぞれに「心の傷」をもっていますが、ふだんはおとなしく影を潜めています。ところが「疲れたり、ショックなできごとがあってパワーが弱まったとき」「昔、傷ついたときと同じようなできごとに遭遇したとき」などに、心の奥の奥のほうにビリビリッと「衝撃」が走り、「前にも、こんなつらい思いをしたことがあった」と思い出してしまうのですね。

その「傷」は、「そう、この傷があることに気づいてくださいね！」という感じでモヤモヤとうずきだすのです。

そんなメンタルが落ちているときにちょっと注意したいことがあります。というのも、エネルギーが落ちているので、「スキ」ができやすくなり、邪気が寄ってきやすくなるのです。

邪気がつくとますます心がモヤモヤして、なかなか抜けられない悪循環に入っていきます。

そんなときは、わたしは「いまはモヤモヤしている自分でもいいんだよ」というふうに自分に言ってあげることにしています。

本当はモヤモヤすることがあるのに「いやいや、自分なんてネガティブな感情はまったくないよー」「モヤモヤすることなんて絶対ないから！　いっつもポジティブで明るく生きてまーす！」

——そんなふうに感情にフタをしていると、体調や人間関係に影響してくることがあります。

どんな状態であっても「そういうときがあってもいい」といまの自分を受け入れていくと、不思議なのですがそれだけで少し心が軽くなります。

まずは「わたしって、こういう心の傷があるんだな」と気づくだけでいい。

そしていつもがんばっていたり、ムリに忙しくすることで「心の傷」を見ることをしてこなかったという人もいらっしゃるかもしれません。

そんなときは「あえてペースを落として、すべてのことにゆっくり動く」「ムリするのをやめて、自分をいたわったり、大切にする時間をたっぷりとる」ということも意識してみたいですね。

それがあなたのバランスを整え、心の傷を癒し、邪気から守ってくれるのです。

Rule 83

がんばりやさんこそ、自分の望みに「ＯＫ」を出す！

自分が心惹かれたことに対して、「でも、それをしてはいけない！」とダメ出ししてしまうことがありますよね。

たとえば街を歩いているときに、駅ビルのショーウインドーにミントグリーンのブラウスが飾ってあって「わあ、ステキなブラウスだなあ！　ちょっと試着してみようかな」と思ったとしましょう。

それと同時に「でも、こういう色って着たことないし、家族に『ちょっと派手じゃない？』と言われそうだからやめよう…」――そんなふうに自分に禁止した後、しばらくミントグリーンのものが気になることってありませんか？

これは理由があって、人間の脳は「否定形（～しちゃダメ）を言われると、よけいそのことが気になる」という性質があるのです。

わたしたちは知らず知らずのうちに、自分に対して必要以上にストイックにな

り、「ダメ！」を言うクセがついています。たとえば、

・「なんだか今日は疲れていて眠いから昼寝がしたいな」→「ダメ！　眠ってなんかいられない。今日中に○○をやってしまわないといけないから」

・「なんだか忙しすぎて、ちょっと休みたい。今日は○○（延期できる用事）をお休みしたいなあ」→「ダメ！　休んだりしたら、周りの人に悪いよ」

・「仕事を頼まれたけど、いまは抱えている仕事が多くて、キャパオーバー（許容量を超えた状態）になってしまうかもしれないなあ」→「ダメ！　仕事を断ったら、次から仕事が来なくなるかもしれない」

——こんな感じで、自分の望みに、即座に「ダメ！」と言っていることがあるのですね。

この「ダメ！」をやわらげてみましょう。「肯定する言葉にちょっと言い換える」のです。

たとえば、

・「ミントグリーンのブラウスなんて私には似合わない」→「ＯＫ！（いいよ）

自分が『ステキだなあ！』と興味を思ったものは、試着してみればいいんだよ。案外よく似合っていて、オシャレの幅が広がるかもしれない」

・「なんだか眠いから昼寝がしたいな」↓「ＯＫ！（いいよ）ゆっくり眠ってスッキリしてから仕事や家事をやればいいよ」

・「ああ、今日は〇〇（延期できる用事）をちょっとお休みしたいなあ」↓「ＯＫ！（いいよ）周りの人に体調がすぐれないことをありのままに伝えてみよう。もしそれで遅れたとしても、自分のペースでやっていけばきっと大丈夫！」

・「なんだか不安やあせりを感じる。でも不安なんて感じてはダメだ！」↓「ＯＫ！（いいよ）不安や恐れ、あせりを感じても大丈夫。最後にはわたしはすべてうまくいくから」

このように「自分の望みをできるだけ受け入れる言い方」にするだけで、その人に「自分の望みを受け入れたパワー」が生まれて、「自然と自分がよくなる流れ」をつくっていけるのです。

だから、「一生懸命やっているのになんかうまくいかないなあ」というときこそ、自分の望んでいることにできるかぎり「OK!(いいよ)」と言ってあげること。

がんばりやさんだったり、まじめで責任感が強い人ほど、少しだけ自分に甘くしてあげましょう。

すると、自分に「ダメ出し」をしていたころにくらべてなぜか毎日がスッキリして生きているのが楽しくなります。

自分を好きになり、自分の周りにいる人を好きになり、「楽しい未来」や「明るい未来」が連想しやすくなります。

そして自分の望んでいたことがひょんなことからかなったり、いままでどうしてもうまくいかなかったことがなぜかうまくいったり、不思議な「ハッピーフロー(しあわせな流れ)」に入っていくのです。

Rule 84

自己受容すると神様や守護霊様に守られやすくなる

運の基礎となる「自己受容」の大切さをじっくりお伝えしていますが、「自己受容」を続けるのは、あなたを守ってくれている存在たちのサポートを「受けやすくなる」ことにもなります。

神様も守護霊様も自己受容をしている人は守りやすいのです。なぜなら、「こんな自分じゃダメだ」「あの人にくらべてわたしはこういう部分が足りない」などと自分を受け入れられないとき、スピリチュアル的にはその人の周りに「見えない壁」のようなものができているのです。

わたしはこの「見えない壁」のことを「自己嫌悪のフェンス」と呼んでいます。「フェンス」とは、「柵・目隠し」のこと。そのフェンスにジャマされて神様や守護霊様のサポートが受けづらくなるのです。

ここで誤解がないように言いたいのですが、神様や守護霊様はどんなときもサポートを続けてくださっています。しかし、自分を受け入れられない人は「フェンス」があるので、サポートに気づきにくいようなのです。

そういうとき、その人の心の中では「自分なんて1人ぼっちだ」「自分は見放されているみたい」という感情がわいてくることが多いのですが、本当は「自分を受け入れていない」ことが根本原因です。

うまくいっているときも、そうでないときも、「どんな自分もいいんだよ」と言って、そのままの自分を認めることで、「自己嫌悪のフェンス」はスーッと消えていきます。

すると神様や守護霊様のサポートがすみずみまで届き、本人も守られていることに気づきやすくなるようです。

さらに、「どんな自分もいいんだよ」と自己受容することで、自分の人生を丸ごと受け入れ、すべてを大切にできます。自己受容を習慣にしていくと、プラスのエネルギーがわいて、自然と運が上がっていくのです。

Chapter 9

言葉の力を借りる

「言霊《コトダマ》」というように、言葉には不思議なパワーが宿っています。

「プラスのエネルギー」を発する言葉を口にしていることで、運の軌道修正ができて、自然と口に出した通りのことが現実に起こりやすくなるのです。

もしも、口に出すのに抵抗があるときは、最初は心の中でつぶやいたり、メモするだけでもOKです。

ここでは特にパワフルな開運効果のある言葉をご紹介します。

Rule 85

「自分はダメだなあ」と思ったら

「どんな自分も大好きです」

あなたは、「自分はダメだなあ」と思うことはありますか？

だれかから怒られたとき、イヤなことがあったときなどには、そう思ってしまうかもしれませんね。でも、そんなときこそあなたがまっさきに自身をほめて、好きでいてほしいのです。それが「運の流れ」を劇的に変えていきます。

あなたはユニークで、あなたにしかない才能や魅力をたしかにもっています。

そして、自分で「ここがわたしの欠点だなあ」とか、「ここがわたしの心のクセだなあ」と思っているところでさえも、コトダマの力を借りると、長所や個性に変わっていきます。

「どんな自分も大好きです」

この言葉を1日に何度も何度も言ってください。言い続けるうちに、「どんな自分でもいいんだ！　自分のよさを生かしていこう」という思いが少しずつ強まります。自分のすべてを肯定するパワーが出てきます。もしも、心の奥にどんなにしつこく「自分はダメだなあ……」という思いが残っていてもいいのです。

この魔法の言葉を言い続けていれば、ありのままの自分を受け入れ、認めていくことができます。

Rule 86

傷ついたり、何かをあきらめるクセがついているとき

「今日からわたしの運は上がっていく！」

心を大きくゆさぶるできごとが立て続けに起きたり、不安なニュースを見たりすると、「この先、あまりいいことがなさそう……」という否定的なモードにおちいりやすくなるかもしれません。

そんなときこそ、「運がよくなる回路」にスイッチを入れていきたいのです。「幸運な人」の心の中には、「運がよくなる回路」ができています。

逆に、なかなか運が上がらない人には、運の上昇をはばむ「マイナス回路」ができています。いつも自分のことを卑下している人や何かをあきらめるクセがついている人は「どうせわたしなんか」「この状況ではムリ。これからもきっとムリ」などと、自分へマイナスな言葉や考えがすぐに出てきます。

これを「マイナス回路」と言うのですが、このマイナスな言葉や考え方は脳にストレスを与え、人生を楽しむことを制限していきます。これを打ち破るためには、「運がよくなる回路」にスイッチを入れること。

「今日からわたしの運は上がっていく！」という開運言葉を何度も言って、自分の可能性を広げるチェンジスイッチを押しましょう。

これでいいのか迷うとき

Rule 87

「わたしはわたし、あなたはあなた」

「これで本当にいいのかな？」「どうしたらいいんだろう？」と、人は何かに迷うことがあります。「やりたい！」と思ったことを否定されたとき、他の人と自分をくらべているときなど。また、「普通はこうするよね」「ほとんどの人はこうだよ」「あなたのためを思って」などと言われると心がぐらつきそうになることもあるでしょう。

そんなときはこの開運言葉を思い出してください。

「わたしはわたし、あなたはあなた」

この言葉を言ったとたん、わたしたちの中に「自分軸」がしっかりつくられていきます。

「その人にとっては大切なことであっても、わたしにはわたしの世界（考え方や選択の自由）があるし、わたしらしさを大切にしながら生きていこう」と思うと「うん、これでいいんだ！」と心がスッキリします。また、何かに迷うことがあっても、自分軸に戻って「わたしの本当の気持ちは何だろう？」と問い正していくと、「自分にとっての正しい答え」がいままでより時間をかけずスピーディに出せるようになるでしょう。

すべての行動や選択は「自分が腑に落ちて選んだこと」となっていくので、毎日が充実して生きることが楽しくなっていきます。

イヤなことやトラブルが起きたとき

Rule 88

「明日はきっとよくなるよ。大丈夫！」

ときどき、イヤなことやトラブルが立て続けに起こる日があるものです。たとえば、仕事ですごくがんばっているのに理不尽なことで上司に叱られたり、家族のことでちょっと心配な連絡が入ってきたり、そういうときにかぎって電車の中に大切な資料を忘れて遠くの駅まで取りに行かなくてはいけなかったり……。

こんな日は「なんでイヤなことばかり続くの！」と天をうらみたくなったり、自分を責めてしまいがちですよね。

こんなとき神様から「いったん落ち着きなさい。イヤなことばかり続いているようだけど、いまは『厄《やく》落《お》とし』のような時期で、もうすぐ運の流れがよくなっていくよ」というメッセージが来たのかもしれません。

そんなときわたしは深呼吸して、自分の姉になったような気分であわてふためく自分をなだめ、

「明日はきっとよくなるよ。大丈夫！」ととなえます。

特にその日の夜にこの言葉をとなえると、眠っている間に運の軌道修正ができるのです。

イヤなことやトラブルが続いているときこそ、魔法の言葉で運の流れを取り戻していきたいですね。

Rule 89

心がザワザワして落ち着かないとき

「チャンネル、チェンジ！」

運を落とさないコツは「心の平和を守ること」です。

でも、それが案外むずかしいもの。

というのはわたしたちの心をゆさぶるような情報が日々入ってくるからです。

ニュースを見ていると、将来の不安をあおるような情報が多かったり、ネットに過激でショッキングなことがアップされていたり、もしくはしあわせそうな人がSNSにアップした記事を見ていると、その人の輝きがまぶしくて、「いいなあ。それにくらべてわたしは……」とうらやましい感情がわくこともあります。

そんなふうに心がザワザワして落ち着かないときは
「チャンネル、チェンジ！」と言ってみましょう。

この言葉は１回「パチン！」と手をたたきながら言うと、自分の意識が変わり、心をザワザワさせることにひっぱられなくなります。

心がザワザワしていることが続くと「邪気」に狙われることがあるので、意識をチェンジして、邪気が入り込むスキをできるだけつくらないようにしましょう。

「最近、なんだかツイてないな」と思ったら

Rule 90

「わたしはやっぱり運がいい」「最後にはすべてよくなる」

「運の流れがとどこおっているとき」はだれにでもあるものですが、そんなときにどんなふうに物事を見たり、どんな心のもち方をするかで、その後の運の流れが変わってきます。

「運の流れがとどこおっているとき」には、人はあせったり、もがいたりして、「しなくてもいい行動」をしてしまうことがあります。

たとえば、だれかのひと言に感情的になってケンカになってしまったり……。スムーズに進まないことをムリヤリ進めようとして、さらなるトラブルに発展していったり……。

ある「自分らしく幸福な人生を歩んでいる人」がこんなことを言っていました。「ツイていないときはね、とにかくあせったらダメなんだよ。家でゆっくり過ごしながら

『わたしはやっぱり運がいい』とか『最後にはすべてよくなる』とか、プラスのコトダマを何回も何回も言っているといいよ。そうやっているうちに必ず運が元に戻って、またツキがまわってくるからね」

「最近、なんだかツイてない」と思ったときこそ、プラスのエネルギーを発する言葉で、運の力を補いましょう。

苦しみや不安を乗り越えたいとき

Rule 91

「このできごとのおかげで学ばせてもらいました。感謝しています」

夢や願いを実現する前には「先が見えなくて不安になる時期」があります。けれど、その苦しみや不安から逃げずにいろいろ工夫したり、知恵を出したりして乗り越えると、後でとびきりの「ごほうび」がやってきます。

苦しみや不安を工夫して乗り越えようとするとき、その人からは「底力《そこぢから》」とも言える「とてつもないプラスのエネルギー」が出ます。これが天に届き、宇宙がそれに反応してあなたのところに「エクストラボーナス（特別なごほうび）」を贈ってくれるのです。

そのためには自分の環境を整えておきましょう。

何かが起きたとき、この開運言葉を何度も言ってみてください。

「このできごとのおかげで学ばせてもらいました。感謝しています」

これは口にしていると、あなたの悩みや不安、問題が解消に向かうだけでなく、不思議とそれが「いいこと」に転じてしまう魔法の言葉です。特に注目したいのが「感謝しています」という言葉。この言葉はくるっとオセロのコマをひっくりかえすように、こまったことや問題をいい方向にもっていきます。

Rule 92

かなえたい夢や願いがあるけど自信がないとき

「わたしはなぜかうまくいく」

「この夢をかなえたい！　でも、自分なんかムリなのかな」と思ってしまうことがあります。人はだれでも心の中に「ネガティブな思い」をもっています。だから、この「ネガティブな思い」を完全になくそうとしなくていいのです。

ただし、「願いをかなえる法則」からすると、「強く意識を向けていること」が現実になるようになっています。ですから「ネガティブなこと」を何度もしつこく考えはじめたらちょっとだけ意識の軌道修正をしましょう。

だから、「自分なんかにできるのかなあ」という思いが心に広がりそうになったら

「わたしはなぜかうまくいく」と口に出してください。

すると、うまくいきそうな気がしてきます。

これで、あなたの最初の軌道修正はできました。

すでにもう悩みや不安でいっぱいだったときから波動が変わってきているのです。この開運言葉は自分に「自己暗示」という魔法をかけて、自然とあなたの運をひき上げてくれます。

あなたの願いをかなえる「最高のタイミング」はもうすぐやってきます！

Rule 93

仕事でトラブルが起きてお金にこまったとき

「わたしは学びました！ いまこの瞬間に、お金の流れを変えて豊かになっていきます！」

仕事では予期しないトラブルが起こるときもあります。突然仕事がなくなってしまう、大きくつまずく、一生懸命やっているのにお客様が来ないなど……。

その結果、「お金の流れ」が悪くなりそうで、「これからどうしよう」とあせってしまいます。でも、この「あせる気持ち」に翻弄《ほんろう》されると、お金の流れがますます悪くなるかもしれません。

たとえば、なんだかイライラして、上司の言うことを素直に聞けなかったり、「あなたのせいだよ」と責任のなすりつけ合いをしたり、「おいしい話」に飛びついてしまい、だまされてしまったり。

そんなとき、いったん立ち止まって、目をとじて大きく深呼吸してください。そして、

「わたしは学びました。いまこの瞬間に、お金の流れを変えて豊かになっていきます！」と宇宙に宣言します。

この魔法の言葉で「あせり」や「恐れ」の波動を手放し、一刻も早くお金の流れを軌道修正していきましょう。

この魔法の言葉を口にした瞬間に「豊かなエネルギー」を取り込める波動にチェンジされます。

Rule 94

仕切り直してまたがんばりたいとき

「リセット、そしてスタート！」

運を上げるポイントになるのは「日々のメンタル」。おだやかでサラサラした軽やかなエネルギーを放っていればいるほど「幸運のパワー」を受けとりやすくなります。そのためには「リセット上手になる（仕切り直すのがうまい人になる）」ことです。

本来、心と体が健やかでヘルシーな状態であれば、宇宙から「生命エネルギー」をたっぷり受け取って、それを「一番大切なこと」に注げるようになっています。しかし、人は心に問題やモヤモヤを抱えていると、心と体が「エネルギーもれ」を起こすことがあります。天からの「プラスのエネルギー」をザルで受けているかのように、うまく受け取れなくなってしまう場合があるのです。すると、胃が痛くなるなど体に不調が出てきたり、ふだんの生活でも「エネルギーもれ」を起こしてしまいます。

そんなときはいったん仕切り直しをしましょう。この開運言葉を何度かつぶやいてみてください。

「リセット、そしてスタート！」

この言葉を口にした瞬間、モヤモヤしたものを吹き飛ばし、新しい流れがつくられていきます。あなたの運は低迷を抜け出し、「強運波動」に切り替わります。

ネガティブモードになったとき

Rule 95

「こういうときがあっても いいんだよ」

どんなに強い人でも、どんなに潔くきっぱりと生きている人でも、メンタルが落ちたり、ネガティブなモードになることはあります。

そんな「ネガティブな感情」に「気づかないフリ」をしていると、心の中のネガティブがますます増幅されていって暴れ出してしまうことがあります。

そういうときは、こんな開運言葉をかけてあげるといいのです。

「こういうときがあってもいいんだよ」

自分が「ドラえもん」になって「のび太くん」に話しかけるようなつもりで、自分にやさしく声をかけるのです。

この言葉は心をふっとラクにしてくれます。

「メンタルが落ちる日があってもいいじゃないか。人間だもの」と思えてくるのです。

実は「ネガティブ感情」というのは、自分自身に認めてもらったときに「わかってくれて、ありがとう」とスッと消えていくことがあります。

そして心が軽くなり、自然と心の軌道修正ができるのです。

うらやましさで心が焼けるとき

Rule 96

「わたしもあらゆるしあわせを受け取ります。その準備が整いました！」

だれでも、人のことを「うらやましいなあ」と感じることがあります。

「その人」にそう感じたことには意味があります。

それは「あなたにも、その要素（才能や魅力）がありますよ」「あなたも、もうすぐそうなりますよ」という宇宙からのメッセージです。

自分が抱くネガティブな感情には本当は大切な意味が含まれています。「うらやましいなあ」という感情にも意味があり、自分にもそういう要素（才能や魅力）があることに気づき、「豊かに生きていくための知恵」に変換できるのです。

もしも「嫉妬の沼」にハマって抜け出せないとき、この開運言葉を何度も言ってみてください。

「わたしもあらゆるしあわせを受け取ります。その準備が整いました！」

この言葉はモヤモヤした嫉妬のエネルギーを「プラスのエネルギー」に変換して、あなたらしく活躍するための原動力に変えていきます。準備が整っているあなたに、最高のタイミングでチャンスや出逢いがやってくることが約束されるのです。

Rule 97

自分の判断に自信がもてないとき

「これでいいのだ！」

運をよくするための究極の方法は「自分を大切にすること」だとお伝えしてきました。それは、ひと言で言うと「自分の好きな部分もイヤな部分もぜんぶひっくるめて『これがわたしなんだ！』とまるごと受け入れること」です。

『天才バカボン』というマンガがあります。

これに登場するバカボンのパパは

「これでいいのだ！」

が口グセですね。この決めゼリフはいまの自分がしていることを肯定し、迷いをキッパリと取り払ってくれます。

この究極の開運言葉を自分に言うときはこんなときです。

・自分にできないことを断った後に「これでよかったのかな」と罪悪感を感じるとき、「これでいいのだ！」

・「わたしって、これでいいのかな」と自分の性格の偏りが気になるとき、「いやいや、これでいいのだ！」

・人の人生がうらやましく思えたとき、「あの人の人生もステキだけど、わたしはこれでいいのだ！」

こんな感じで、力強く自分に言ってみてください。

がんばりたくてもがんばれないとき

Rule 98

「できる範囲がパーフェクト!」

家族やパートナーと仲良くしたいのに、ついイライラしたり、カッとなって、きつい言葉を言ってしまった……。部屋をキレイにしたいと思っていても、なかなか片づけられなくて、ちらかった部屋のままで過ごしている……。なんでも「前向き」に考えたいのに妙にさびしくなったり、不安になったり、「どうせ、わたしなんか」と暗〜い気持ちになってしまった……。

そう、人間は「こうするといいんだよ」とわかっていても、思ったように「できないとき」があります。

それで、自分を責めてしまうと、自分のことがどんどんイヤになって、人とつながることもイヤになったりします。そんなときに思い出したいのが「自分のペースで進むことがパーフェクトな結果になる」ということです。

そのための開運言葉が「できる範囲がパーフェクト!」。

この言葉を口にすると「マイペースで進めばいいんだ」とホッとします。自分の「できる範囲」で続けていくことが、自分にとって「最高の行動」になる!

どんな自分も認めて受け入れて、愛していく。

そこから運は上昇するのです。

理解できないできごとにモヤモヤするとき

Rule 99

「もしかして愛だった?」

人間関係において「あの人はなんであんなことをしたんだろう」とちょっとモヤモヤするようなできごとってありませんか?

数年前、ある女性からご自宅に誘っていただきました。すてきなリビングでケーキと紅茶をいただきながら、その方と話をしていたのですが、突然その方がお仕事の仲間やパートナーへの不満を話し出しました。その話はなかなか終わらず、わたしは聞きながらだんだん気分がふさいでしまいました。その日のことは不可解なできごととしてずっと心に残っていましたが、その後、ひとつだけ気づきました。

「人は、好きな人に自分の気持ちをわかってもらいたい」ということです。たとえば、自分が苦しい状況のとき、好きな人や心をゆるしている人にその思いをわかってもらいたいときがある。

だから相手に対してずっとモヤモヤしているよりは、「そのくらい、わたしに心をゆるしてくれていたのかも」と思ったほうが、わたし自身の心がずっとラクでいられるのです。

そのときに、わたしの心にこんな言葉が降りてきました。

「もしかして愛だった?」。これは「わだかまり」を消して、純粋な気持ちで、もう一度愛で人とつながろうとする魔法の言葉です。

ついグチを言ってしまったとき

Rule 100

「聞いてくださったあなたに感謝です！光が見えてきました」

何か予想外のことが起きたときに、イライラした感情にまかせて泣き言や文句などをつい口にしてしまうことってありますよね。しかし、ネガティブなことを言いすぎると、さらなるトラブルが起きたりします。

でも……人間ですもの。「グチ」や「文句」など、「ネガティブな言葉」を言ってしまうこともあります。そんなときに覚えておきたいのが、「言葉は最後に言ったことが宇宙に一番強く響く！」

これを知っているだけで運はぐんぐん上がっていきます。

たとえば、「わたし、いま、こういう状況でちょっとメンタルが落ちていて、つらいこともあるんですが、聞いてくださったあなたに感謝です！　なんだかちょっと光が見えてきました！」

などと感謝の言葉や前向きな言葉を付け加えるとします。すると宇宙は、わたしたちが放ったコトダマの文末の「光が見えてきました！」という言葉に注目するのです。だから、宇宙は「光が見えてくる状況」をあなたに連れてきてくれるのです。

人生っていろいろつらいこともあってグチも言いたくなりますが、せめて「最後だけ」はスカッとさわやかな言葉でしめくくりたいですね。

読者限定
無料プレゼント

行動するのによき日がわかる！

『吉日カレンダー』

（2023年6月～2025年12月分）


わたしはこの地球に住んでいる人は「月の満ち欠け」や「星の流れ」などの影響を少なからず受けていると思っています。

そこには私たちが生き抜いていくための「ヒント」や「知恵」が含まれていて、宇宙はひとつのメッセージを送ってきています。

そこから導き出された「吉日」を意識して行動を起こすと、運はより上がりやすく、物事がスムーズに進みます。

そこで吉日がわかる カレンダーをご用意しました。

もちろん無理に予定を詰め込む必要はなく、ご自分のペースで行っていただければ大丈夫です。ブックマークしてご活用ください。


下記のQRコードよりアクセスしてください

http://www.asukashinsha.co.jp/present/2023/06/happy-rule.php

※書籍をお買い求めになるまでこの閲覧はしないでください。
※特典の配布は予告なく終了することがございます。
※プレゼント企画に関するお問い合わせは100rule@asukashinsha.co.jpまでお願いします。

田宮陽子　たみや・ようこ

エッセイスト。本やブログを通じて「考え方をちょっと変えただけで、毎日がぐん！としあわせになる言葉のサプリ」を発信している。雑誌・書籍の編集者時代には「自分らしく幸福な人生を歩んでいる人」を多数取材。そこから多くの気づきやヒントを学ぶ。その後、エッセイストとして独立。毎日、更新しているブログが反響を呼び、アメーバ人気ブログランキング「占い・スピリチュアル部門」で常に上位を獲得している。2023年4月にパートナーの西田普氏と共にオンラインサロン「ホリスティック医学研究会」をたちあげ、心も体も魂もすこやかに人生を楽しむことを仲間と共にわかちあい、学び合っている。
著書に『あなたの運は絶対！よくなる』（PHP研究所）、『書くだけで願いがかなうハッピーターンノート』（廣済堂出版）、『あなたの運は服で絶対！よくなる』（SBクリエイティブ）などがある。

ブログ「晴れになっても雨になっても光あふれる女性でいよう」
https://ameblo.jp/tsumakiyoko
田宮陽子＆西田普オンラインサロン「ホリスティック医学研究会」
https://amaterasu-hikari.jp/_ct/17617254

飛鳥新社
公式twitter

お読みになった
ご感想はコチラへ

きっと、いいことに変わる!

2023年6月8日第1刷発行

著　者　田宮陽子
発行者　大山邦興
発行所　株式会社飛鳥新社
〒101-0003
東京都千代田区一ツ橋2-4-3光文恒産ビル
電話（営業）03-3263-7770
（編集）03-3263-7773
http://www.asukashinsha.co.jp

ブックデザイン　原田恵都子（Harada＋Harada）
印刷・製本　中央精版印刷株式会社

落丁・乱丁の場合は送料当方負担でお取り替えいたします。
小社営業部宛にお送りください。

ISBN978-4-86410-942-0

編集担当　江波戸裕子